HIDDENSEE

„Dat söte Länneken" Hiddensee zu Füßen

99 HIDDENSEE MAL ENTDECKEN!

mit Andreas H. Apelt
und Günter Pump

mitteldeutscher verlag

Inhaltsverzeichnis

Vitte und Umgebung

Neuendorf und Umgebung

Hiddensee, dat söte Länneken

Dat söte Länneken, das süße Ländchen, so bezeichnen die Einheimischen eine gerade einmal 19 Quadratkilometer große Insel, die sich im Westen von Rügen aus der Ostsee erhebt. Doch das Eiland, das sich von Nord nach Süd in einer Länge von 16,8 Kilometern erstreckt und zuweilen nur 250 Meter breit ist, hat, von seinen landschaftlichen Reizen abgesehen, noch weitaus mehr zu bieten als lange Sandstrände, eine blühende Heidelandschaft und die bewaldeten Höhen auf dem Dornbusch.
Hiddensee schaut vor allem auf eine lange Geschichte, die einst Zisterziensermönche begründeten. Träger dieser Geschichte neben den Mönchen waren die Fischer, die Hirten und seit der vorletzten Jahrhundertwende vor allem Literaten, Musiker, Maler, Schauspieler, aber auch Wissenschaftler und Unternehmer, die allesamt die Insel bereicherten und zu ihrem einmaligen Ruf als Kulturlandschaft beitrugen. Für das frühe 20. Jahrhundert stehen allein die Namen der beiden großen Literaturnobelpreisträger Gerhart Hauptmann und Thomas Mann.
Diese Kulturlandschaft, die zweifellos in den beiden deutschen Diktaturen Schaden nahm, bewahrte aber dennoch einen Teil seiner kulturellen Autonomie. Dazu zählt, dass die Insel, die bereits in den 20er Jahren Spielwiese für allerlei Bohemiens und Aussteiger war, diese Funktion kultivierte. Gerade zu DDR-Zeiten wurde die Insel zum Eldorado für die Unangepassten und Andersdenkenden, für Künstler und Lebenskünstler, die dem System den Rücken kehrten.
Die Insel lebt also von vielen Besonderheiten aus Gegenwart und Geschichte. Sie zu entdecken, lädt dieses Buch ein.

Grabplatte des Abtes Johannes Runneberg von 1475

Eine Insel als Geschenk

1

Ehemaliger Klostergarten
Am Klostertor
18565 Kloster

Dem großzügigen und gottesfürchtigen Rügenfürst Wizlaw II. (1240–1302) und seinen Söhnen haben die Zisterziensermönche eine besondere Schenkung zu verdanken. Gute 125 Jahre nach der beginnenden Christianisierung Rügens durch die Dänen vermachte der Fürst in einer Urkunde vom 13. April 1296 Hiddensee dem christlichen Orden. Dies war mit der Auflage verbunden, ein Kloster zu errichten. So baute der Konvent kurz nach der Gründung die Pfarr- und Kaufmannskirche St. Nikolaus am Gellen. Es folgte die „Bauernkirche" (geweiht 1332) vor den Toren des Klosters am anderen Ende der Insel. Dort befand sich auch das eigentliche Kloster, an das heute noch der Ortsname, das „Klostertor" und die „Klostermauern" erinnern. An Stelle der „Bauernkirche" erhebt sich heute die „Inselkirche". Allerdings sind das Tor und die Mauer späteren Ursprungs (18. Jahrhundert).

Ausgrabungen belegen einen imposanten spätgotischen Klosterbau in der Nähe des heutigen Hafens.

Vom Kloster selbst, das schon 1298 bezogen werden konnte, ist wenig geblieben. Seine Lage kann man aber in dem Gebiet der Gärtnerei (nördlich und nordöstlich des Klostertors) verorten. Ausgrabungen belegen einen imposanten spätgotischen Klosterbau in der Nähe des heutigen Hafens. Dazu zählen eine 50 Meter lange kreuzförmige Hallenkirche, eine dreiflügelige Klausur, Kreuzgang nebst Schlaf- und Speisesaal, Aufenthaltsräume, die Schreibstube, die Bibliothek und die Sakristei. Auch eine Siechenhaus, eine Art Krankenstation gab es.
Die Einkünfte des Klosters verdankt es seinen umfangreichen Besitzungen. Pachtgebühren und Grundzins, aber auch Besitz-

Das „Klostertor" – nicht original, aber sehenswert

anteile an der Lüneburger Saline sicherten den Haushalt. Nicht zuletzt waren Fischereirechte, in diesem Fall die von Heringen, von Bedeutung.

Der Tagesablauf der Mönche in ihrer weißen oder grauen Tunika wurde vor allem durch Gebete bestimmt. Diese waren nach festen Zeiten gegliedert. Sie begannen bereits zwischen 4 und 6 Uhr in der Früh. Das letzte endete nach Sonnenuntergang. Dazu gehörte auch die tägliche Feier der Heiligen Messe. Neben dem Gebet wurde das Leben der Mönche durch die „Lesung" und Kontemplation sowie die oft harte körperliche Arbeit bestimmt („ora et labora"). Große Verdienste erwarb sich der Orden in der Landwirtschaft, ihre Spezialität: Urbarmachung ganzer Landstriche. Dies gilt auch für Hiddensee. Die Lebensweise der Mönche selbst war spartanisch. Die Ausgrabungen brachten aber auch Münzen, Werkzeuge und Steingut, unter anderem aus Sachsen und dem Rheinland, zum Vorschein. Daneben fand man gotische Formsteine, Bodenfliesen, Kacheln und bemaltes Fensterglas. Vom Kloster erhalten ist allein die Grabplatte des Abtes Johannes Runnenberg, der hier von 1465 bis 1475 wirkte. Sie findet sich in der Inselkirche.

Auch die Zisterzienser der Insel Hiddensee konnten sich wie viele ihrer Ordensbrüder den Zeitläufen nicht widersetzen. Mit der Reformation wurde 1536 der Konvent aufgehoben. Der letzte Abt siedelte nach Stralsund über und starb dort 1560. Damit nahm eine 240-jährige segensreiche Geschichte ihr Ende.

Erhaltener Wasserablauf des Klosterbrunnens

Unter schattigen Buchen: „Haus Seedorn"

Haus Seedorn – Hauptmanns Sommersitz

2

Gerhart-Hauptmann-Haus
Kirchweg 13
18565 Kloster
038300 397
www.hauptmannhaus.de

„Haus Seedorn", gehört zu den ersten Adressen auf Hiddensee. Ein Muss für jeden Besucher. Und das nicht nur, weil hier der Dichter und Literatur-Nobelpreisträger Gerhart Hauptmann eine Reihe von Sommern verbrachte. In jedem der Räume gibt es Geschichte zum Anfassen. Zeitgeschichte und Kulturgeschichte. Hauptmann liebte die Insel, wie schon die ersten Gedichte zeigen, die er bei seinem ersten Inselaufenthalt 1885 niederschrieb.

41 Jahre nach diesen Zeilen wird „Haus Seedorn", ein Anwesen in der Nähe des ersten Logierortes, sein zukünftiger Sommersitz. Inzwischen allerdings mit der zweiten Frau, die sich erst mit der Idee anfreunden muss, dass Hauptmann sie auf jene Insel bringt, auf die ihn schon seine erste Hochzeitsreise führte. „Haus Seedorn", das der vermögende Dichter nach seinen Wünschen ausbaute, nutzte er seit 1930. Sein letzter Sommeraufenthalt endete am 30. September 1943. Die Abgeschiedenheit der Insel, das ihm vertraute Umfeld und die gute Seeluft gaben ihm noch einmal Kraft. Nach seiner Rückkehr nach Schlesien notierte er: „Ich bin nun wieder hergestellt – bis zu meinem Tod." Allein die schwindende Gesundheit und der große Teile Deutschlands zerstörende Krieg verhinderten weitere Reisen auf das Eiland. Und dennoch kam er wieder zurück, diesmal allerdings in einem Holzsarg. Seine Witwe setzte den letzten Wunsch des Dichters und berühmten Dramatikers der „Weber" um und bettete ihn auf dem Inselfriedhof zur letzten Ruhe.

In jedem der Räume gibt es Geschichte zum Anfassen. Zeitgeschichte und Kulturgeschichte.

Hauptmanns Anwesen, gespiegelt im Pavillon

Wer etwas Besonderes entdecken möchte, dem sei der Gang in den Keller und das Dachgeschoss empfohlen. Im Dachgeschoss befindet sich auch das Schlafzimmer des Meisters, der von seiner Frau getrennt schlief. Hauptmann, des Nachts zuweilen von Gedanken geplagt, beschrieb offensichtlich in Ermangelung eines greifbaren Papiers dafür die Wand am Bett. Die Nachahmung dieses Rituals wird heute nicht mehr empfohlen. Hauptmanns „Wandtexte" sind bis heute erhalten, darunter auch der schöne Satz: „Es lohnt nicht mehr." Was damit gemeint sein könnte, bleibt ein Rätsel.

Noch weniger zum Nachahmen ist ein anderes Hauptmann-Ritual, dessen Ausgangspunkt im Keller zu finden ist. Es ist ein gemauertes Weinregal, das 450 Flaschen Platz bietet. Der Dichter liebte guten Wein und das, obwohl er sich noch als junger Mann als Abstinenzler sah. Davon ist später wenig übrig. Glaubt

man den Zeitgenossen, so war der Künstler kein Kostverächter, was sowohl die Qualität, als auch die Menge betraf. Bevorzugt waren Weiß- und Spätburgunder aus dem Badischen. Besonders beliebt Ihringer Winklerberg vom Kaiserstuhl. Es kommt offenbar nicht von ungefähr, wenn Thomas Mann in seinem Roman „Zauberberg" mit dem wein- und schnapsseligen Mynheer Peeperkorn Hauptmann karikiert und dabei wohl auch maßlos übertreibt.
Wer dennoch auf den Spuren Hauptmanns auf gute badische Tropfen nicht verzichten will oder kann, dem bietet das Museum um die rührige Leiterin und Hüterin des Kleinods Franziska Plötz neben vielen Büchern im neu erbauten Pavillon auch badischen Wein zum Kauf an.

Moderner Zweckbau inklusive Buchhandlung

Inselpolizei mit Elektromobil

Kriminelles Hiddensee

3

Polizeirevier Hiddensee
Norderende 162
(Rathaus)
18565 Vitte
038300 50131

Das Verbrechen macht auch auf Hiddensee keinen Urlaub, behauptet der frühere Leiter des Ein-Raum-Reviers im Inselrathaus in Vitte, Hauptkommissar Horst Henk. Doch bei näherer Betrachtung ist das Eiland ein sicherer Ort. Mit ihrem Elektromobil als Streifenwagen verfolgen die Inselpolizisten eher leichtere Delikte wie Verstöße gegen die Straßenverkehrsordnung mit Fahrrädern ohne Licht und Bremse oder Mundraub. Im Oktober 2014 schockte aber eine Schlagzeile in der „Ostsee-Zeitung" die Öffentlichkeit: „Inselpolizist klärte Bankraub bei Abendspaziergang auf." Allerdings handelte es sich nur um eine Gartenbank. Jugendliche hatten sie nur „umgesetzt", um sie an ihrem Treffpunkt in Vitte als Sitzgelegenheit zu nutzen.

Momentan lassen sechs Schriftsteller Mord und Totschlag auf der Insel geschehen.

Die Annalen verzeichnen einen einzigen Mord. Am 14. Juni 1964 wurde am Dornbusch eine junge Frau von ihrem Liebhaber getötet. Noch am gleichen Tag wurde der Täter auf der Flucht gestellt und wenig später zu lebenslanger Haft verurteilt. Ansonsten sorgten zu DDR-Zeiten die Aufmerksamkeit der Grenzer, der Abschnittsbevollmächtigte der Volkspolizei und ein Netz von Stasispitzeln für Ordnung und Sicherheit.
Trotzdem übte Hiddensee schon damals eine starke Anziehungskraft auf Krimiautoren aus. Das DDR-Fernsehen schickte zweimal den legendären Hauptmann Fuchs auf die Insel, um im „Polizeiruf 110" nach einem Mörder zwischen Grieben und Gellen zu fahnden. Die beiden Filme aus den Jahren 1977 und 1982 sind interessante Zeitdokumente. Sie zeigen, wie sich die Insel in den letzten Jahrzehnten verändert hat. Damals

Regenbogen über Vittes Hafen

gab es noch nicht den Boddendeich. Der Hafen von Vitte war nicht mehr als eine Anlegestelle für die Dampfer aus Stralsund und Schaprode. Zahlreiche Insulaner wirkten als Statisten mit in ihren wirklichen Berufen wie der Inselarzt und der örtliche Postbote.

Momentan lassen sechs Schriftsteller Mord und Totschlag auf der Insel geschehen. Unter ihnen Tim Herden 40, der inzwischen eine große Fangemeinde mit auf die Verbrecherjagd nimmt. Dabei reicht das gesamte Spektrum vom Thriller wie „Das Nebelhaus" von Eric Berg, der in Neuendorf spielt, bis zum beliebten Genre des Regionalkrimis wie „Mord am Dornbusch" von Lena Johannson. Bei Tim Herden und dem Autorenpaar Birgit Lautenbach/Johann Ebend ermitteln in ihren Inselkrimis die Inselpolizisten. Die Inselbibliothekarin Klara Klühs ermittelt in den Büchern von Christian Bauer. Die anderen lassen Kommissare von Rügen kommen, was die Arbeit der Kriminalisten nicht unbedingt erleichtert, denn die Bewohner der beiden Ostseeinseln verbindet nicht gerade eine große Liebe. Außerdem hat der Hiddenseer aus Tradition wenig mit Autoritäten am Hut.

Dass die Insel aber trotzdem ein sicheres Pflaster für Einwohner und Gäste ist, zeigt die Tatsache, dass außerhalb der Urlaubssaison zukünftig nur noch ein Polizist auf der Insel stationiert sein wird. Von Ostern bis Oktober soll er dann allerdings von einem Beamten der Bäderpolizei unterstützt werden, damit das Verbrechen nicht doch ein neues Urlaubsziel entdeckt.

Ein-Raum-Revier im Vitter Inselrathaus

Verwunschen im Meer …

Himmel, Meer und Landschaft …

Sagenhaftes Hiddensee

4

Gleich mehrere Sagen erklären die Entstehung Hiddensees. Die Schönste hat der Rügener Volkskundler Alfred Haas (1860–1950) 1891 in einer Sagen- und Märchensammlung veröffentlicht. Danach bat ein Missionar bei einer Einheimischen um Aufnahme und Brot. Doch wurde er abgewiesen. Mehr Erfolg hatte der Mann bei der armen Nachbarin, die den Missionar aufnahm und beköstigte. Am nächsten Morgen verabschiedete er sich mit dem Satz, dass er zur Bezahlung weder Gold noch Silber habe, aber „dein erstes Geschäft an diesem Tage soll dir gesegnet sein". Ohne auf die Bedeutung der Worte zu achten, begann die Frau ihr Tagwerk mit dem Vermessen eines Stückes Leinwand. Doch das Messen nahm bis zum Sonnenuntergang kein Ende und so füllte sich das Haus voll Leinwand.

Diese Chance zum Reichtum wollte sich die neidische Nachbarin nicht ein weiteres Mal entgehen lassen. Als der Missionar nach geraumer Zeit wieder an ihre Tür klopfte, nahm sie ihn bereitwillig auf. Wieder verabschiedete sich der Gast mit dem bekannten Satz, wonach das erste Geschäft des Tages gesegnet sei. Sogleich wollte die Frau mit dem Zählen ihres Geldes beginnen, das sie im Spartopf sammelte. Doch vorher trieb sie ein natürliches Bedürfnis ins Freie, das sie glaubte schnell erledigen zu können. Doch die Prophezeiung des Missionars wurde nun wahr und ließ die Frau heftig und andauernd Wasser lassen. Vom vielen Wasser wurde bald das Land überschwemmt und das in solchen Maßen, dass sich Hiddensee von Rügen löste.

Ein natürliches Bedürfnis verursachte die Entstehung der Insel und die Trennung von Rügen.

Insel Information Hiddensee Kloster

Hafenweg 15
18565 Kloster
038300 60654

Insel Information Hiddensee Vitte

Achtern Dieck 18 a
18565 Vitte
038300 608685
www.seebad-hiddensee.de

Goldener Halsschmuck aus der Wikingerzeit

Der Goldfund

5

Heimatmuseum Hiddensee
Kirchweg 1
18565 Kloster
038300 363
www.heimatmuseum-hiddensee.de

Den Fund eines Goldschatzes an der Küste des Gellens verdanken Neuendorfer Fischer ausgerechnet verheerenden Sturmfluten. Die erste raste am 12. und 13. November 1872 über die Insel. Bereits sie zerstörte in Neuendorf und Vitte zahlreiche Häuser und Nebengelasse, Boote, Ackergeräte und Wagen. Das Vieh ertrank, Felder und Äcker wurden unfruchtbar. Die Menschen retteten bestenfalls ihr Leben. Doch nicht genug, der großen Sturmflut von 1872 folgten in den darauffolgenden Jahren zwei weitere Sturmfluten. Während sie Not und Elend über die Inselbewohner brachten, spülte das Meer einen ungewöhnlichen Schatz ans Land: Gold.
Der offensichtliche Halsschmuck, etwa um 970 als Wikingerschmuck gefertigt, besteht aus einem geflochtenen Halsreif, einer runden Scheibenfibel, vier kleineren und sechs größeren Hängekreuzen und vier Zwischengliedern. Das Gesamtgewicht beträgt fast 600 Gramm. Dass er zusammenblieb ist dem rührigen Museumsleiter Rudolf Baier in Stralsund zu verdanken, der die gefundenen Einzelteile aufkaufte oder sie bei unterschiedlichen Goldschmieden in Stralsund ablöste. So blieb der Schatz, wenn auch unvollständig, zusammen. Eine Sensation ist er allemal. Dennoch könnte die nächste Flut noch manch neues Stück ans Tageslicht bringen.

Die Entdeckung des Schatzes ist verheerenden Sturmfluten zu verdanken.

Die Vermutung, dass es sich um den Schmuck des dänischen Königs Harald Blauzahn handelte, konnte nicht belegt werden. Der 16-teilige Schatz ist im Kulturhistorischen Museum Stralsund ausgestellt, eine Nachbildung im Heimatmuseum.

Leuchtturm auf dem Dornbusch

6

Das Wahrzeichen der Insel

Leuchtfeuer Dornbusch/Hiddensee
Dornbusch
Schluckswiekberg
18565 Kloster

Es bedarf keiner genauen Beschreibung, um zum Leuchtturm, der amtlich „Leuchtfeuer Dornbusch/Hiddensee" heißt, zu gelangen. Mit 100 Metern Höhe überragt er weit die Umgebung. Dabei misst der Turm selbst nur 27,5 Meter, allerdings unterstützt ihn der Schluckswiekberg mit weiteren 72,5 Metern. Schon wegen seiner Größe gehört er zu den beliebtesten Fotomotiven der Insel und kann als ihr Wahrzeichen gelten. Weiß leuchtet er mit einem roten Helm in die hüglige Landschaft der Umgebung und lädt zur Besteigung ein. Das jedenfalls seit 1994, vorausgesetzt der Besucher traut sich die 102 Stufen zu, um auf die 20 Meter hohe Aussichtsplattform zu gelangen. Wer es schafft, wird mit einem grandiosen Blick auf die Insel entschädigt. Und mit etwas Glück und klarem Wetter scheinen die Kirchtürme Stralsunds zum Greifen nah. Allerdings ist die Plattform nur bis Windstärke 6 geöffnet.

Der letzte Leuchtturmwärter verließ seinen Arbeitsplatz erst 1998.

Gebaut wurde der Turm bereits 1887/88. Der Klinkerbau erhielt von 1927 bis 1929 einen Stahlbetonmantel. Seitdem wird er auch mit elektrischem Strom betrieben. 1994 erfolgte eine weitere Sanierung, die auch die Besteigung des Turmes erlaubte. Seit dieser Zeit leuchtet sein Mantel weiß. Der letzte Leuchtturmwärter verließ seinen Arbeitsplatz erst 1998. Bis dahin war er allein dafür verantwortlich, dass das Leuchtfeuer bis zu 24,9 Seemeilen (45 Kilometer) über die Ostsee strich.
Sowohl die Post der DDR (1975), als auch die Deutsche Post (2009) widmeten dem Turm Briefmarken.

Hafen in Kloster

Hiddensees ältester Hafen

7

Hafen Kloster

Hafenweg 15
18565 Kloster
0383565 60654
0171 5364229
(Hafenmeister)
www.seebad-hiddensee.de/kloster
www.seglerhafen-kloster.de

Der Hafen Kloster kann auf 130 Jahre Geschichte schauen. Während bis zum Jahr 1887 eine kleine Bootsanlegestelle die Bedürfnisse der Reisenden befriedigte, nahm der Transport von Mensch und Material erheblich zu. Grund war unter anderem der Bau des Leuchtturmes. Im Sommer 1887 machte erstmals die „Germania", ein Dampfschiff, in Kloster fest. Es war der Beginn des Linienverkehrs. Fünf Jahre später nahm der legendäre Dampfer „Caprivi" seinen Dienst zwischen Stralsund und Hiddensee auf.

Nach dem Ersten Weltkrieg wurde die „Caprivi" von der Genossenschaftsreederei erworben, um möglichst unabhängig von anderen Anbietern die Insel zu beliefern. Ihr erfolgreiches Wirken zog neue Begehrlichkeiten nach sich. So kaufte die Genossenschaftsreederei 1925 den Dampfer „Swanti". Im Zweiten Weltkrieg kaum in Mitleidenschaft gezogen dient der Hafen ab 1946 wieder für den direkten Schiffsverkehr nach Stralsund, später auch nach Schaprode.

Hier haltzumachen, lohnt sich auch für Menschen, die kein Schiff besteigen wollen.

Heute ist er Hiddensees modernster und wahrscheinlich auch vielseitigster Hafen. Denn er bietet mehr als nur Anlegestellen für Motor- und Seglerschiffe. Hier gibt es die Touristinformation, Geschäfte und gastronomische Einrichtungen. Von Fischkuttern wird sogar frisch geräucherter Fisch verkauft. Hier haltzumachen, lohnt sich auch für Menschen, die kein Schiff besteigen wollen. Wem der Trubel zu groß ist, der kann vom Schankgarten des Hotels Hitthim das Treiben aus sicherem Abstand beobachten.

„Störtebecker" im Einsatz

Inselreise per Taxi

8

Hiddenseer Taxiring
Achtern Diek 4
18565 Vitte
038300 210
www.reederei-hiddensee.de

Der Transport von Menschen und Material zur Insel erfolgt seit acht Jahrzehnten ausschließlich durch Schiffe. Bis 1935 gab es zumindest für sieben Jahre noch den Flugverkehr. Der beschränkte sich auf Wasserflugzeuge der Marke Junkers F13, die im Vitter Bodden landeten und Passagiere und Fracht auf einem Ponton im Hafen von Kloster ausluden. Die höchstens sechs Reisenden (incl. zwei Piloten) kamen meist aus Berlin und hatten eine Zwischenstation, manchmal in Stettin, Svinemünde oder gar Stralsund hinter sich.
Die 35-Kilometer-Reise ab Stralsund dauerte nur eine Viertelstunde, Zeiten, die manch gestressten Autofahrer heute nur neidisch machen. Der Preis war für den „gehobenen" Gast dieser Jahre erschwinglich: 10 Reichsmark ab Stralsund, 46 Reichsmark ab Berlin. Das entspricht etwa einem heutigen Preis von 70 Euro ab Stralsund. In Kloster selbst gab es eine Flugleitung der Deutschen Lufthansa und eine Polizeiflugwache.

Wer auf das Gefühl von Geschwindigkeit nicht verzichten will, nimmt ein Wassertaxi.

Mit einem Schiff ist die Reise heute deutlich zeitaufwendiger. Wer dennoch auf das Gefühl von Geschwindigkeit nicht verzichten will, nimmt statt des „Dampfers" aus Stralsund oder Schaprode ein Wassertaxi. Die Boote, eine Besonderheit der Insel, verkehren zwischen Rügen und den drei Hiddenseehäfen Kloster, Vitte und Neuendorf. Gut zwanzig Personen finden nebst Gepäck Platz und genießen eine berauschende Fahrt. Der Preis ist nicht viel teurer als auf einem der großen Schiffe, doch eilt man seiner Sehnsuchtsinsel über die Wellen des Boddens fliegend entgegen.

Imposant und einladend: Hotel Hitthim

Einst aufblühendes Bäderwesen

9

Hotel Hitthim
Hafenweg 8
18565 Kloster
038300 6660
www.hitthim.de

Schon wenn man im Hafen in Kloster ankommt, ist das Hitthim „das erste Haus am Platz". Wofür es selbst gar nichts kann. Das Hotel steht da seit 1910. Majestätisch erhebt sich der Fachwerkbau zwischen den umgebenden Bäumen, die das Hotel zu verstecken scheinen. Majestätisch auch sein Name, der der Sage nach auf den Norwegerkönig Hitthin zurückgeht.

Vor dem Hotel lädt eine großzügig angelegte Terrasse zum Verweilen ein. Es ist anzunehmen, dass diese die zahlreichen Persönlichkeiten nutzten, die in den letzten Jahrzehnten die Insel aufsuchten. Ihre Fotos hängen zur Dokumentation im großen Speisesaal, der mit der angrenzenden Gaststube den Charme des letzten Jahrhunderts bewahrt. Auch die Gäste können in den 25 Gästezimmern, die oft auf unnötigen Luxus verzichten, das Gefühl gewinnen, hier steht die Zeit still. Oder noch besser, es würde nicht wundern, wenn ein Gerhart Hauptmann, ein Albert Einstein oder Heinrich George durch den Hoteleingang kämen.

Es würde nicht wundern, kämen heute Gerhart Hauptmann, Albert Einstein oder Heinrich George durch den Hoteleingang.

Auch der Autor dieser Zeilen hat sich vom Charme des Hauses und der einzigartigen Lage anstecken lassen. Große Teile des Hiddensee-Romans „Ende einer Reise" entstanden zwischen 2008 und 2010 hier. Grund genug, einem altehrwürdigen Haus die Treue zu halten.

Sehenswert: „Schlüters Kunstgarten"

Torsten Schlüter präsentiert seine Bilder

Ein echter „Kunstgarten"

10

Kunstgarten Hiddensee
Siedlung 10
18565 Kloster
0179 3944858
www.torsten-schlueter.de

Im Sommer 1983 kommt ein junger Architekturstudent aus Weimar auf die Insel. Sein Name: Torsten Schlüter. Bald wird er Dauergast, verzichtet auf die Karriere als Architekt und manche Festlandannehmlichkeit. Dafür wird der 1959 in Berlin geborene Schlüter Maler und logiert im ehemaligen „Schliekerschen Gasthof" bei der belesenen wie kunstsinnigen Hete Gau in einer Dachkammer. Zum Waschen geht man in den Hof, wo die Pumpe steht, oder ins Meer. So spartanisch hat nicht einmal Gerhart Hauptmann gelebt, der hundert Jahre früher auf seiner Hochzeitsreise Gast im Haus war. Der hätte sich diese „Unannehmlichkeiten" wohl nicht gefallen lassen.

Doch den Inspirationen des Künstlers schadet es nicht. Im Gegenteil, bald finden die ersten Gartenausstellungen statt. Die halten sich bis heute und zeigen eine einmalige Vielfalt künstlerischen Schaffens. Spektakulär allein der „Kunstgarten" neben seinem Atelier. Kunst im Freien unter dem Himmel Hiddensees! Wem es zu viel freier Himmel ist, dem seien die Künstlerbücher empfohlen (u. a. „Nordlichter III").

In ihnen hat Schlüter den Himmel gebändigt und der Stille eine Farbe gegeben. Spürbar in jedem Bild: Hier malt einer, beseelt von der Aura der Insel, hoch konzentriert in Farbe und Form auf das Wesentliche. Und dann hört man in seinen Bildern das Meer rauschen und manchmal sogar Ungeheuer brüllen. Schlüter ist Hiddensee und weit mehr als Hiddensee. Schlüter ist eine Entdeckung.

Schlüter ist Hiddensee und weit mehr als Hiddensee. Schlüter ist eine Entdeckung.

Eine Burg, die keine ist

11

Lietzenburg
Zum Hochland 13
18565 Kloster
038300 60860
www.lietzenburg.de

Fünfzig Meter über dem Meer thront auf dem Dornbusch eine Burg. Es ist die Lietzenburg, ein imposantes historistisch anmutendes Gebäude, das 1905 Oskar Kruse erbauen ließ. Die Dominanz der „Burg" war damals noch größer, fehlten doch die Bäume um das Haus, die zur Jahrhundertwende den Blick auf das Meer und den Bodden freigaben.

Kruse, ein Berliner Maler, der die Architekten Otto Wilhelm Spalding (Berlin) und Alfred Grenander (ein Schwede) mit dem Bau beauftragte, ruinierte sich fast an dem Anwesen. Doch das Engagement auf dem Berg hat sich gelohnt. Es entstanden 15 Zimmer, deren möblierte Ausschmückung ganz dem Jugendstil-Zeitgeist gehorchte. Thomas Mann, Gerhart Hauptmann, Max Reinhardt und Albert Einstein fanden sich zu den legendären Künstlersalons ein, die auch nach dem Tod des Bauherren fortgesetzt wurden. Jetzt waren sein Bruder Max und dessen Frau Käthe Kruse, deren Puppen bis heute Kultstatus genießen, die Einladenden.

Thomas Mann, Gerhart Hauptmann, Max Reinhardt und Albert Einstein fanden sich zu den legendären Künstlersalons ein.

In der DDR teilte das Haus das Schicksal vieler Hiddensee-Villen. Es wurde verstaatlicht und Ferienheim der Universität Greifswald. 1991 an den Kinderbuchautoren Max Kruse („Urmel aus dem Eis"), dem Sohn von Max und Käthe Kruse, rückübertragen und dann verkauft, durchlitt das Haus unterschiedliche Besitzverhältnisse. Heute beherbergt es sechs Ferienwohnungen, deren schönste das Turmzimmer ist. Hier eröffnet sich ein grandioser Blick auf die Insel und das Meer.

Künstlerin Ute Laux beim Workshop

Bilder und Skulpturen im Garten

Scherbenmosaikfiguren

12

Galerie am Hügel
Hügelweg 8
18565 Kloster
0157 73366876
www.utelaux.de

Einer besonderen Art der Verfremdung menschlicher Figuren geht die Künstlerin Ute Laux nach. Die 1964 in Leipzig geborene Malerin ist seit 2006 auf Hiddensee. Inspiriert durch einen Auftrag in Schwerin, begann sie fortan auf der Insel durch das Verkleben von Keramik- und Glasscherben, Menschen als Mosaikfiguren wieder auferstehen zu lassen. Dabei bekommen die seelenlosen Gestalten neues „keramisches Leben" eingehaucht, die ihre Wesen lebendig machen und verfremden. Dem Betrachter eröffnen sich völlig neue Sichtweisen, auch Selbstbefragungen, die bestenfalls in Selbstspiegelungen übergehen. Ein Reservoir von Inspirationen öffnet sich.
Doch nicht nur die Erkenntnis, dass aus Scherben neues Leben entsteht oder neues Leben nichts als Scherbenhaufen sind, macht den Reiz der Objekte aus. Auch manch zerstörte Tasse oder zu Bruch gegangener Teller wird einer neuen, dem Leben verpflichteten Bestimmung zugeführt. Und allein das Wissen um die sinnvolle Verwendung von Zerstörtem animiert manch Inselbewohner – wie den Buchhändler Andreas Arendt – Scherben dorthin zu tragen, wo sie wirklich gebraucht werden.

Dem Betrachter eröffnen sich neue Sichtweisen, auch Selbstbefragungen, die in Selbstspiegelungen übergehen.

Wem die Betrachtung dieser Gestalten irgendwann zu viel wird, der sei auf die Bilder der Malerin verwiesen, die im künstlerischen Anspruch, expressiver Form und spektakulärer Farbgebung den „Scherbenmosaikfiguren" in keiner Weise nachstehen.

Inselkirche mit schwebendem Engel

Ein Überbleibsel aus der Zisterzienserzeit

13

Inselkirche Kloster
Kirchweg 42
18565 Kloster
038300 328
www.kirche-hiddensee.de

1332 und damit nur 36 Jahre nach der Gründung des Klosters wurde die „Bauernkirche" für die Bauern und Fischer Hiddensees geweiht. Sie war weder Bestandteil des Klosters, noch diente sie ihm. Vielmehr war die Kirche bewusst außerhalb der Klosteranlage angelegt worden. Die Kirche hat keinen Turm, dafür an der Südseite, seit der Umlegung des Eingangs von der Westseite um 1700, einen kleinen Vorbau. Dieser beherbergt auch den Glockenstuhl.

1782/83 wurde die Kirche erneut umgebaut, die Fenster vergrößert, die flache Holzdecke entnommen und durch ein Holz-Tonnengewölbe ersetzt.

Die Bemalung in der Kirche ist dem Berliner Nikolaus Niedermeier zu verdanken, der diese vor fast einhundert Jahren, 1922, in der heutigen Form vornahm. Dabei ist auch der „Hiddenseer Rosenhimmel" entstanden, den man heute wohl kitschig nennen würde, allerdings passt er in die Inselkirche und entlockt jedem Besucher ein Staunen und damit eine Wertschätzung. Noch mehr allerdings, weil der Blick nach oben nicht nur dem „Rosenhimmel" gehört, sondern auch einem fliegenden Engel. Der schwebt von der Decke, ganz in barocker Pracht, um seiner Bestimmung als Taufengel zu genügen. Allerdings beschwerten sich in den Jahrhunderten Einheimische, dass das Taufwasser, einer gesitteten Taufe gebührend, nicht maßvoll plätschert, sondern wie eine Sintflut auf den Täufling schießt. Geschadet hat es offenbar niemanden, wenn auch böse Zungen behaupten, dass so manche Taufe dann doch lieber zu Hause abgehalten wurde.

Ein fliegender Engel schwebt vom Rosenhimmel.

Inschrift am Pfarrhaus

Das Pfarrhaus und seine Pfarrer

14

Pfarrhaus Kloster
Kirchweg 42
18565 Kloster
038300 328
www.kirche-hiddensee.de

Das Pfarrhaus, obgleich ein imposantes Bauwerk aus dem 19. Jahrhundert, steht deutlich weniger für eine besondere Seite der Insel als vielmehr die Bewohner. Die schillerndste Persönlichkeit dürfte der langjährige Inselpfarrer Arnold Gustavs sein, der von 1903 bis 1948 Pfarrer auf Hiddensee war und fast ein halbes Jahrhundert seiner Gemeinde diente. Gustavs, 1875 in Neuenkirchen bei Greifswald geboren, machte sich aber nicht nur als Pfarrer einen Namen, vor allem war er Altorientalist. So forschte er über Keilschriften und gründete zu diesem Zweck 1923 die Altorientalische Gesellschaft. Doch auch dies genügte ihm nicht, er tat sich als Autor von Heimatbüchern, als Erforscher von Bodendenkmalen auf Hiddensee und als fleißiger Tagebuchschreiber hervor.

Arnold Gustavs diente seiner Gemeinde fast ein halbes Jahrhundert und war ein enger Freund Gerhart Hauptmanns.

Gustavs enges Verhältnis zu Gerhart Hauptmann wird aus den Aufzeichnungen deutlich, die der Pfarrer über den Nobelpreisträger machte und die 1962 veröffentlicht wurden.
Schwieriger scheint sein Verhältnis zum NS-Staat. Hier gibt es seit den Veröffentlichungen des Enkels Owe Gustavs, der seinem Großvater zu große Nähe zum Diktator vorwirft, eine heftige Debatte. Diese wird nicht nur in der Kirche, sondern auch überregional ausgetragen. Fest steht, dass sich Gustavs bereits während der NS-Zeit nach anfänglicher Sympathie vom Nationalsozialismus lossagte.
Gustavs überlebte Gerhart Hauptmann, den er einst nach Kloster holte und dessen Grabrede er hielt, um zehn Jahre. Er starb 1956 in einem Stralsunder Krankenhaus.

Buchhändler und Inselkenner Andreas Arendt

Kirchweg 19 – mehr als nur Buchhandlung

Der Insel-Buchhändler

15

Buchhandlung Andreas Arendt
Kirchweg 19
18565 Kloster
038300 465

Andreas Arendt war ein Jahr alt, als er zum ersten Mal auf die Insel kam. Damals hatten die Eltern in Neuendorf Quartier. Die Liebe der Eltern zur Insel blieb, wovon zahllose Inselurlaube zeugten, und übertrug sich wohl irgendwie auf den Sohn. Der lebte zwar bis 1986 in Leipzig, studierte Ökonomie und arbeitete später beim Kulturbund. Aber er nutzte eben auch die erstbeste Gelegenheit, um nach Hiddensee zu kommen. So bewarb er sich als Saisonkraft einer Buchhandlung in Vitte. Nach einer ersten Absage folgte dann doch die Anstellung. Und das für ein Gehalt von 460 Ostmark, obgleich manch Kellner dank üppiger Trinkgelder zu DDR-Zeiten locker das Vierfache verdiente. Andreas Arendt blieb den Büchern treu, doch zunächst nur als Saisonkraft. Das änderte sich abrupt, als die friedliche Revolution das Land über Nacht auf den Kopf stellte. Jetzt galt es, ins kalte Wasser zu springen. Andreas Arendt sprang. Erst als Marketingmann beim Henschel Verlag in Berlin und dann mit 40 Jahren in die Selbstständigkeit. Nun aber in Kloster auf Hiddensee. Einen Kredit und ein runtergekommenes Gebäude in Kloster „am Hals", beginnt er von vorn. Dreißig Jahre später ist Andreas Arendt eine Instanz. Wer kennt ihn nicht, den freundlichen Mann und engagierten Buchhändler, an dem schon sprichwörtlich keiner, der von Kloster nach Vitte und zurückwill, vorbeikommt. Ein Besuch lohnt immer. Und wer bei Andreas Arendt nichts findet, ist selbst schuld.

Dreißig Jahre später ist Andreas Arendt eine Instanz.

Gerhart Hauptmanns erster Besuch

16

Ferienwohnung Michael Bach
Klostertor 6
18565 Kloster
038300 50313

Lange bevor der Dichter Haus Seedorn erwarb und sich dort am Kirchweg 13 niederließ, besuchte er die Insel. Sein erster Aufenthaltsort lag ebenfalls in Kloster, allerdings in Hafennähe. Dort, unweit des Klostertores am Klostertor Nr. 6, mietete sich der erst Zweiundzwanzigjährige, der sich damals noch als Bildhauer sah, im Sommer 1885 für einige Tage ein. Es war eine nachgeholte Hochzeitsreise mit Marie Thienemann, der Kaufmannstochter aus Radebeul und Hauptmanns erster Frau, die das Paar zuerst nach Rügen und dann nach Hiddensee brachte. Mit dabei sein Bruder Carl und dessen Frau Martha, ebenfalls eine geborene Thienemann.

In der Pension am Klostertor mietete sich der erst Zweiundzwanzigjährige ein, der sich damals noch als Bildhauer sah.

Im Rückblick schrieb Hauptmann im Mai 1933: „Von diesem Jahre ab verflocht sich Hiddensee unlöslich in mein Schicksal." Damals war er als Dichter noch unbekannt. „Bahnwärter Thiel" schrieb er zwei Jahre später. Sein Drama „Vor Sonnenaufgang" wurde 1889 uraufgeführt. Immerhin entstand in den besagten Julinächten ein Gedicht: „Die Mondscheinlerche". Allein die ersten drei Strophen geben wieder, was der junge Hauptmann damals fühlte: *Von dem Lager heb' ich sacht / meine müden Glieder; / eine warme Sommernacht / draussen stärkt sie wieder. // Mondschein liegt um Meer und Land / dämmerig gebreitet; // in den weissen Dünensand / Well' auf Welle gleitet. // Unaufhörlich bläst das Meer / eherne Posaunen; / Roggenfelder, segenschwer, / leise wogend raunen.*
Wer in dieser Aura Erholung und Erbauung sucht, dem sind die Ferienwohnungen in der ehemaligen Pension empfohlen.

Die Hucke, nicht immer idyllisch …

Ein Steinwall schützt den Strand

Huckekonzerte – Woodstock à la DDR

17

Hucke
Strand Kloster/
Westküste
18565 Kloster

In den 1970er und 1980er Jahren war Hiddensee das Aussteigerparadies. Irgendwie noch DDR, aber dann doch schon wieder nicht. Vielleicht weil die DDR weit weg war, jenseits des Boddens und Dänemark so nah. Hier trafen sich die Unangepassten, die „Spinner", die wahren und falschen Künstler, die Lebenskünstler, die Hiddensee zu ihrem Eldorado machten. Mit dabei Aljoscha Rompe (1947–2000), Sohn des ZK-Funktionärs Robert Rompe, der in Kloster ein stattliches Anwesen besaß. So genoss auch der Sohn eine gewisse Narrenfreiheit.
Im Schlepptau Rompes, der schon im Prenzlauer Berg als stadtbekanntes Unikum Bürgerschreck spielte, eine ganze Band: Feeling B. An der Spitze der Punkband stand er selbst, er, der kaum singen konnte, aber so schräg war, dass es schon irgendwie ging. Beim Punk, so glaubten viele, spiele das keine Rolle. Legendär seine von ihm organisierten Hucke-Konzerte! Dazu wurden Autobatterien und Misch-Pulte auf Handwagen südlich der Hucke an den Strand gezogen. Mehr brauchte man nicht. Vielleicht noch ein Lagerfeuer und natürlich Alkohol. Mit dabei auch die Jungmusiker Paul Landers (Gitarre) und Christian Flake Lorenz (Keyboard). Doch das wilde Leben hinterließ auch seine Spuren. Während Aljoscha Rompe bereits im Jahr 2000 starb, gehörten Landers und Flake seit 1994 zu den Gründern der Rockband Rammstein. Kaum zu glauben, dass ihre Karriere als heute international erfolgreiche Band mit 20 Millionen verkauften Tonträgern ausgerechnet am Strand von Kloster begann.

Hier trafen sich die Unangepassten, die Lebenskünstler und Aussteiger, die Hiddensee zu ihrem Eldorado machten.

Rettungsschuppen als Heimatmuseum

Zeugnis der Seefahrt

Rettungsschuppen als Heimatmuseum

18

Heimatmuseum Hiddensee
Kirchweg 1
18565 Kloster
038300 363
www.heimatmuseum-hiddensee.de

Im Jahr 1888 wurde am Weststrand von Kloster die erste Seenotrettungsstation errichtet. Doch Strandungen wurden dank der technischen Entwicklungen in der Seefahrt immer seltener. Und wenn, dann bedurfte es eines motorisierten Rettungsbootes, das die Station nicht besaß.

Das Gebäude, von den Einheimischen bis dahin „Rettungsschuppen" genannt, dient seit 1954 als Heimatmuseum der Insel. Vorausgegangen waren zahlreiche Initiativen, so um den Inselpastor Arnold Gustavs, den Leiter der biologischen Forschungsanstalt der Universität Greifswald Prof. Dr. Erich Leick und Karl Ebbinghaus, der seit 1945 auf der Insel lebte. Zunächst wurde nur ein Teil des „Rettungsschuppens" für das Museum genutzt. Doch bald füllten sich die Räume mit allerlei Haus- und Arbeitsgerät und anderen wertvollen Ausstellungstücken, etwa aus dem späteren Stralsund-Museum.

Das Gebäude, von den Einheimischen bis dahin „Rettungsschuppen" genannt, dient seit 1954 als Heimatmuseum.

Der umtriebige Ebbinghaus legte für das Museum ein Archiv zur Geschichte der Insel an. Zugleich publizierte er wissenschaftlich, obwohl er als gelernter Schlosser nicht vom Fach war. Es verwundert deshalb nicht, das Ebbinghaus sogar Grabungsleiter während der Ausgrabungsarbeiten auf dem Gelände des ehemaligen Zisterzienserklosters war.

Dass das Museum ein Besuchermagnet ist, hat es der rührigen Leiterin Jana Leistner zu verdanken. Sie hat als ausgewiesene Expertin neben der klassischen Museumsarbeit auch mit Sonderausstellungen das Haus belebt und zu einem unverzichtbaren Bestandteil eines jeden Hiddensee-Programms gemacht.

Muthesius mit Inspiration

19

Sommerhaus Muthesius
Kirchweg 3
18565 Kloster

Wer von Vitte am Strand entlang nach Kloster kommt, wird schon von Weitem das reetgedeckte Haus des Architekten Eckart Muthesius (1904–1989) erkennen, das sich am Hochufer über dem Heimatmuseum erhebt. Muthesius, Sohn des berühmten preußischen Baubeamten, Architekten, Publizisten, Schriftstellers und Mitbegründers des Deutschen Werkbundes Hermann Muthesius, erbaute das Haus 1947. Bereits sein Vater war mehrfach zur Sommerfrische auf der Insel und hatte ein Haus in Vitte.

Das Sommerhaus in Kloster mit nur einem großen Kamin im Wohnzimmer als Heizquelle zeichnet sich durch einen offenen Dachstuhl und ein weit vorkragendes Dach aus, welches eine Art „Außenflur" überdeckt. So sind die Zimmer von außen erreichbar, nur Küche, Bad und Wohnzimmer haben innen eine Verbindung. Vermutlich ließ sich Muthesius beim Bau von seinen Erfahrungen in Indien inspirieren. Hier baute er für den Maharadscha von Indore, den er einst beim Studium in Oxford kennenlernte, einen Sommerpalast. Aber auch Entwicklungen im englischen Landhausbau nahm Muthesius auf. Später gehen Ideen aus dem Sommerhaus beim Bau des Felsenstein-Hauses in Kloster ein. Parallelen sind offensichtlich. Zur Zeit der Errichtung des Sommerhauses war Muthesius ein gefragter Architekt, baute vor allem Krankenhäuser und andere Zweckbauten für die US-Armee im Westen Deutschlands. Bis heute ist an dem 2009 unter Denkmalschutz gestellten Gebäude wenig verändert worden.

Vermutlich ließ sich Muthesius beim Bau von seinen Erfahrungen in Indien inspirieren.

Wenn die „Zuschauer" erzählen könnten …

Der „Klausner" heute

Der literarische „Klausner"

20

Zum Klausner
Im Dornbuschwald 1
18565 Hiddensee
038300 6610
www.klausner-hiddensee.de

Es bedurfte nicht erst Lutz Seilers Roman „Kruso", um den Klausner und den Dornbusch als literarischen Ort zu entdecken. Das taten schon andere vor ihm. Bereits am Ende des 19. Jahrhunderts übte der Dornbusch einen besonderen Reiz auf Alexander Ettenburg (1858–1919) aus. Ettenburg, der eigentlich Alexander Eggers hieß, war Dichter, Lebenskünstler und Einsiedler, dessen Gedichte und Dramen aber längst vergessen sind. Er machte auf sich aufmerksam, als er 1888 in der Nähe des heutigen Klausners eine Waldschänke, die er „Eremitage zu Tannhausen" nannte, errichten ließ. Hier und in einer eigens errichteten Naturbühne kamen seine literarischen Werke zur Aufführung. Allerdings blieb der Erfolg aus. (Den geschäftlichen hatte er schon mit seiner ersten Unternehmung, der Schwedischen Bauernschänke in Grieben, nicht.) Literarisch erfolgreicher war Friedrich Christian Delius (geb. 1943 in Rom) mit seiner Erzählung „Der Spaziergang von Rostock nach Syrakus". Delius erzählt die Geschichte Klaus Müllers, eines Kellners aus dem „Klausner", der vor Ende der DDR eine abenteuerliche Reise (nicht Flucht) nach Italien plant. Der Dresdner Müller (geb. 1941) erzählt diese groteske Geschichte später in „Die Insel der Anderen", (Hrsg. Apelt/Klauss) und im Roman „Gehen, um zu bleiben" selbst [44]. Doch der literarische Ruhm gehört Lutz Seiler (geb. 1963 in Gera), der in seinem Roman eigene DDR-Erfahrungen als „Saisonkraft" auf Hiddensee verarbeitete und dafür 2014 den Deutschen Buchpreis erhielt.

Ettenburg war Dichter, Lebenskünstler, Aussteiger und Einsiedler, dessen Gedichte und Dramen längst vergessen sind.

Nur noch von außen zu betrachten …

Eine Fischerkate, die Geschichte schreibt

21

Ehemaliges Gasthaus zum Enddorn
Dorfstraße 8
18565 Grieben

Neben Gerhart Hauptmann machte auf Hiddensee am Beginn des letzten Jahrhunderts ein zweiter Schlesier literarisch von sich reden. Es war der von den Einheimischen belächelte Dichter, Aussteiger und Einsiedler Alexander Ettenburg (1858–1919), der sogar eine eigene Naturbühne errichtete. In Grieben kaufte Ettenburg eine alte Fischerkate und baute sie zu einer „Schwedischen Bauernschänke" um. Doch der gastronomische Erfolg blieb ebenso aus wie der mit seiner Waldschänke „Eremitage auf Tannhausen". Auch der Umzug in die Heide südlich von Vitte und die Eröffnung der „Einsiedelei Mathilde" brachten keinen Erfolg, dabei bemühte sich Ettenburg stets, für „sein" Hiddensee zu werben. Die Insel hat ihm sogar einen Reiseführer zu verdanken. Verkannt von den Einheimischen und den künstlerischen Zeitgenossen, fand der Einsiedler Ettenburg bald Trost im Alkohol. Er starb arm und krank in Stralsund. Seine Urne, die auf den Inselfriedhof gebracht werden sollte, ging auf dem Postweg von Stralsund verloren. Schon damals war auf die Post wenig Verlass.

Ein Jahr nach seinem Tod wird auf dem Grundstück der Schwedenschenke das „Restaurant und Logier-Haus Hiddensee" gebaut, das noch lange als „Gasthaus zum Enddorn" erhalten war. Ein idyllischer Biergarten lud zum Verweilen ein. So muss heute der Blick auf das Haus reichen, um an Ettenburg zu denken, der in seinem Reiseführer 1905 „Dat söte Länneken. Das Ostseebad der Zukunft" schon für Hiddensee geworben hatte. Und jetzt ganz wehmütig geworden wäre.

Die Urne, die auf den Inselfriedhof gebracht werden sollte, ging auf dem Postweg von Stralsund verloren.

Grabstein und schlesische Heimaterde …

22

Beerdigung vor Sonnenaufgang

Inselfriedhof Kloster

Kirchweg 42
18565 Kloster
038300 328
www.kirche-hiddensee.de

Dass der Nobelpreisträger Gerhart Hauptmann eigenwillig war, ist allgemein bekannt. Diese Eigenwilligkeiten kultivierte er bis in den Tod. So hatte er seiner Frau Margarete Bedingungen aufgetragen, die bei seiner Beerdigung zu erfüllen seien. Erstens wolle er in einer Mönchskutte beerdigt sein, zweitens müsse er mit schlesischer Erde bedeckt werden und drittens solle seine Beerdigung vor Sonnenaufgang stattfinden.

Dem Wunsch ihres Mannes gehorchend, ließ Margarete den Meister in einem Mönchsgewand der Franziskaner schürzen. Dieses fand sie in seinen Sachen, schließlich liebte es Hauptmann, in seiner Mönchskutte spazieren zu gehen. Auch einen Beutel schlesischer Heimaterde vermochte die treusorgende Frau zu organisieren, damit dieser über den Sarkophag gestreut werden konnte. Doch sie ließ es dabei nicht bewenden und pflanzte noch eine Tanne aus dem Riesengebirge an sein Grab.

Hauptmann ließ sich in einer Franziskaner Mönchskutte vor Sonnenaufgang beerdigen.

Die letzte und eigentlich leichteste Bedingung zu erfüllen, gelang nur mit Schwierigkeiten. Denn die bereits am Vortag angereiste Trauergemeinde, allen voran Funktionäre der Partei und sowjetische Offiziere, schauten am Abend vor der Beerdigung so tief ins Glas, dass sie das Zeremoniell fast verschliefen. Und vom Alkohol benebelt, taumelten so einige der Trauergäste zum Grab, wo Pfarrer Arnold Gustavs die Trauerrede hielt. Offensichtlich war er von seiner Rede auf den langjährigen Freund mehrfach abgelenkt, weil er doch fürchtete, einige Gäste könnten in diesem Zustand noch in die offene Grube fallen.

Außen schlichter Backstein, innen feines Museum

Enkel und Museumsleiter Heiko Björn Gustavs

23

Eine Schmiede für den Maler

Eggert-Gustavs-Museum
Am Bau 12
18565 Kloster
38300 605665
www.eggert-gustavs.de

Am nördlichen Ortsrand von Kloster erhebt sich auf einer kleinen Anhöhe ein einfacher Backsteinbau. Es ist eine ehemalige Schmiede, erbaut irgendwann im letzten Drittel des 19. Jahrhunderts. Genutzt hat sie ein Schmied namens Walter Mann. Der wiederum war befreundet mit dem Maler Eggert Gustavs (1909–1996), einem Hiddenseer Original, der auf der anderen Seite des Grundstücks wohnte und arbeitete. Gustavs, der mit einem langen Rauschebart aussah wie der russische Dichter Tolstoi, war der jüngste Sohn und das dritte Kind des Inselpfarrers Arnold Gustavs (1875–1956).

Auch wenn Eggert Gustavs im Winter in Neuruppin lebte, blieb er in den Sommermonaten bis zu seinem Tod seinem Geburtsort treu. Seine Künstlerklause, das Wohnhaus gegenüber der Schmiede, besuchten namhafte Zeitgenossen wie Gerhart Hauptmann, Asta Nielsen, Ernst Toller oder Joachim Ringelnatz. Der Autodidakt malte nicht nur, er fertigte auch Holzschnitte und Skulpturen. Und er entwarf für den Schmied Walter Mann Zäune und andere schmiedeeiserne Produkte. Das eigene Gartentor für das Neuruppiner Grundstück schuf er sogar in der Schmiede des Freundes.

Eggert Gustavs sah mit seinem langen Rauschebart aus wie der russische Dichter Tolstoi.

Heute ist die Alte Schmiede Museum. Dank gebührt dem Wirken der engagierten Eggert Gustavs Gesellschaft e.V. um den Enkel des Malers, Heiko Björn Gustavs. Gustavs umfangreiches künstlerisches Werk ist zu großen Teilen im Archiv des Heimatmuseums. Grund genug, mit wechselnden Ausstellungen das künstlerische Werk einer breiteren Öffentlichkeit zugänglich zu machen.

Imposante Lage, Haus Felsenstein

Eselstall mit Geschichte

Haus Felsenstein – wieder Muthesius

24

Walter-Felsenstein-Haus
Hügelweg 19
18565 Kloster

Obgleich die Auftragsbücher des Architekten Eckart Muthesius mit Großaufträgen für Krankenhäuser, Kasernen, Wohnanlagen, Rundfunkhäuser und Autobahnraststätten gefüllt waren, ließ sich der Architekt von Walter Felsenstein gewinnen. Felsenstein (1901–1975) Gründer, Intendant und Regisseur der Komischen Oper in Berlin erwarb in Kloster ein großes Hanggrundstück, das einer repräsentativen Bebauung harrte. Muthesius, der eigentlich im Westen für den „Klassenfeind" baute, willigte ein und so entstand 1955 mitten im Kalten Krieg ein zweigeschossiger Flügelbau, ausgeführt als Holzhaus. Zwei große Dachgauben geben dem Gebäude ein unverwechselbares Aussehen. Zu Recht wurde das Anwesen unter Denkmalschutz gestellt.

Erzählt wird, dass sich der Intendant auf der autofreien Insel einen Pkw und einen Esel mit Goldzahn halten konnte.

Felsenstein, gebürtiger Wiener und Vizepräsident der Akademie der Künste in der DDR, genoss seine privilegierte Stellung auf Hiddensee. An Geld mangelte es ohnehin nicht. Noch heute erzählen sich die Einheimischen, dass sich der Intendant auf der autofreien Insel einen Pkw Wartburg und einen Esel mit Goldzahn halten konnte. Wahr ist, dass seine opulenten und ausschweifenden Feiern für genügend Gesprächsstoff auf Hiddensee sorgten.

Opulent auch Felsensteins Grab auf dem Inselfriedhof. So könnte man die aufwendige Schmiedearbeit auch benennen. Selbst das Grab hat es damit in die Denkmalschutzliste geschafft. Allerdings hatte Muthesius, der den Intendanten um 14 Jahre überlebte, seine Hände nicht mehr im Spiel.

Holzbungalows der Biologischen Station

Forschen auf Hiddensee

25

Biologische Station Hiddensee
Biologenweg 5
18565 Kloster
038300 50251

Seit 1930 gibt es auf Hiddensee eine biologische Forschungseinrichtung. Damals führte sie den Namen „Biologische Forschungsanstalt Hiddensee" und gehörte zu den ältesten ökologischen Einrichtungen Deutschlands. Als Initiator gilt Erich Leick (1880–1956), ein Greifswalder Universitätsprofessor der Botanik, der die Station ständig erweiterte. Unter anderem um eine dritte deutsche Vogelwarte 1936.

Die biologische Station ist seit 1968 eine Außenstelle der Sektion Biologie der Ernst-Moritz-Arndt-Universität Greifswald. Inzwischen hat sie sich als ein beliebtes Arbeits-, Forschungs-, und Exkursionszentrum für Studenten und Wissenschaftler etabliert. Dabei sind die Seminare und Workshops nicht nur auf den Fachbereich Biologie beschränkt.

Auf dem Gelände befinden sich das 1934 errichtete Kurshaus mit Seminarraum und Labor sowie das Doktorandenhaus.

Auf dem Gelände befinden sich mehrere Bungalows, aber auch feste Häuser. Darunter das 1934 errichtete Kurshaus mit Seminarraum und Kurslabor sowie das von Max Taut im Jahr 1924 erbaute Doktorandenhaus [68]. Letzteres steht unter Denkmalschutz. Die einfachen Bungalows, von denen einige 2012 neu errichtet wurden, dienen vorwiegend zur Unterbringung der Forscher und Studenten. Die Sanierung bzw. der Neubau haben etwa 900.000 Euro gekostet.

Forschungsschwerpunkte sind die Gewässerökologie, Küstendünenheiden und Salzgrünländer. Die im Nationalpark Vorpommersche Boddenlandschaft gelegene Insel mit ihrer Artenvielfalt bietet dafür die besten Voraussetzungen. Regelmäßig finden internationale Workshops statt.

Frucht der Insel

26

Insel Information Hiddensee
Achtern Diek 18 a
18565 Vitte
038300 608685
www.seebad-hiddensee.de

Wenn es eine Pflanze gibt, die mehr als jede andere für die Insel steht, so ist es der Sanddorn. Wissenschaftlich Hippophae rhamnoides genannt, bedeutet die Übersetzung des altgriechischen Gattungsnamens „Pferdelicht". Entsprechend fand das Mittel bei den Griechen Verwendung zur Heilung von Pferdeaugen. In der griechischen Mythologie diente die Heilpflanze als Nahrungsmittel, die dem Pferd Pegasus „Flügel verlieh", was bekanntermaßen nicht nötig war.

Unstrittig ist allerdings die Heilkraft der braungelben Frucht, die ab August an Sträuchern reift. Dort kann man auch die Pflanze von März bis April blühen sehen. Beim Pflücken der Früchte ist allerdings Vorsicht geboten, denn die Sträucher wehren sich mit Dornen. Als Entschädigung für diese schmerzvolle Tätigkeit wartet der Sanddorn mit einem erlesenen Geschmack und einer hohen natürlichen Heilkraft auf. Allein der Vitamin-C-Gehalt ist um das Drei- bis Siebenfache höher als bei einer Zitrone.

Allein der Vitamin-C-Gehalt ist um das Drei- bis Siebenfache höher als bei einer Zitrone.

In Hiddensee kann man sich der Einnahme des Sanddorns nicht verweigern. Fast jedes Restaurant bietet Sanddornsaft, Sanddornwein, Sanddornbrause, Sanddornschnaps oder Sanddornsirup, wahlweise mit oder ohne Honig. Und dann gibt es auch noch Sanddornkuchen oder Sanddorntorte.

Leider hat seit Jahren eine rätselhafte Krankheit den Sanddorn befallen. In der Folge sterben die Pflanzen, die ursprünglich aus dem Hochland des Himalayas kommen, regelrecht ab. Seit 2020 versuchen Wissenschaftler der Bundesforschungsanstalt für Nutzpflanzen, dem Phänomen auf die Spur zu kommen.

Paluccas Grabstein auf dem Inselfriedhof

Paluccas Spuren

27

Inselfriedhof Kloster

Kirchweg 42
18565 Kloster
038300 328
www.kirche-hiddensee.de

Das Leben der Tänzerin und Tanzpädagogin Gret Palucca (1902–1993) war eng mit Hiddensee verbunden. Die Münchnerin war in den 20er und 30er Jahren als Gründerin einer Schule für modernen Tanz in Dresden international bekannt geworden. Aufmerksamkeit fand sie auch 1936 an der Seite von Leni Riefenstahl, als sie an der Auftaktveranstaltung der Olympischen Spiele mitwirkte. 1939 wurde ihre Schule geschlossen. Erst 1945 konnte sie das Haus wieder eröffnen.

Während Palucca vor dem Krieg Sylt als Sommersitz bevorzugte, besuchte die gefeierte Ausdruckstänzerin ab 1948 regelmäßig Hiddensee. Zu ihren Aufenthaltsorten gehörte die Schwarze Mühle in Vitte oder das Hotel Dornbusch in Kloster.

Enttäuscht von den Kulturverantwortlichen in der DDR ging sie 1959 demonstrativ nach Sylt. Von dort verhandelte sie ihre Rückkehr. Der Aufwand lohnte sich. Die Zugeständnisse der SED-Kulturkader ließen sich sehen: künstlerische Leitung der Dresdner Tanzschule, Professur, Wagen mit Chauffeur und ein Grundstück auf Hiddensee. 1961 wurde auf dem Grundstück in Vitte ein Sommerhaus für die Künstlerin errichtet. Nach ihrem Tod versuchte die Palucca-Hochschule, das inzwischen baufällige Gebäude zu erwerben. Vergeblich, das Haus wurde 2009, kurz bevor es unter Denkmalschutz gestellt werden konnte, abgerissen.

Von Sylt aus erhandelte sie 1959 nach ihrem Weggang aus der DDR ein Hiddensee-Grundstück.

Was bleibt, sind Paluccas legendäre Sommer-Tanzkurse auf der Insel, die bis heute fortgesetzt werden. Auf dem Inselfriedhof erinnert ein Findling an die große Frau, die 1993 hier begraben wurde.

Mathias Schilling als Landwirt ...

... und als Verkäufer

Der Macher

28

Restaurant Hafenkater
Achtern Diek 24
18565 Vitte
038309 708599

Schillings Hafenamt
Hafenweg 11
18565 Kloster
038300 606983
www.schillings-hafenamt.de

Mathias Schilling ist das, was man einen Macher nennt, einer, der nicht viel redet, sondern anpackt. Dieses Anpacken hat sich gelohnt, denn Schillings Geschichte ist eine Erfolgsgeschichte, noch dazu eine deutsch-deutsche. Geboren in Schleswig-Holstein, ist er acht Jahre alt, als die Mauer fällt. Bis dahin hat er von der DDR nur eine gerade einmal 72 Hektar große Insel gesehen und die liegt zwischen Hiddensee und Rügen. Auf Öhe wohnen die Großeltern, die den 700 Jahre alten Familienbesitz, der der sonst üblichen Zwangskollektivierung entgangen war, bewirtschafteten. Mathias Schilling verbringt hier seine Ferien. Zwanzig Jahre später verlegt er nach einer Ausbildung im Hotelfach und einem Studium der Agrarwissenschaften seinen Lebensmittelpunkt nach Rügen. Innerhalb weniger Jahre errichtet der umtriebige Unternehmer und Visionär einen funktionierenden Familienbetrieb und schafft in der gebeutelten Region 50 neue Jobs. Schillings Reich umfasst 500 Hektar auf Hiddensee und Rügen, die er als Landwirt bearbeitet. Dazu fünf Restaurants, zwei Hofläden und eine Fischmanufaktur in Stralsund. Inzwischen eine Marke, der Hiddenseer Kudderfisch, der im „Hafenamt Kloster" genauso auf den Teller kommt wie im „Hafenkater Vitte." Ihn zu probieren, sei dringend empfohlen und eine Reminiszenz an die Insel. Schließlich dient ein Teil des Erlöses dem Erhalt des regionalen Fischbrauchtums. Kein Wunder, wenn es Schilling zum Unternehmer des Jahres in Vorpommern oder gar zum deutsch-deutschen „Einheitsbotschafter" brachte. Verdient hat er es allemal.

Innerhalb weniger Jahre errichtet der umtriebige Unternehmer und Visionär einen funktionierenden Familienbetrieb.

SEE
BÜHNE
SEE
BÜHNE
DIE SEEBÜHNE HIDDE
Edgar Allan Poe
Ein Spiel von Liebe und Tod
ROYAL MAIL LINE
SOUTH AMERICA
PALUCCA
nach
Johann Wolfgan

29

Ein Zauberer und seine Seebühne

Seebühne Hiddensee
Wallweg 2
18565 Vitte
038300 60593
www.hiddenseebuehne.de

Karl Huck lässt Menschen an „Fäden" zum Leben erwachen. Oder sind es doch nur Marionetten? Der Puppenspieler und Figuren-Theater-Zauberer steht in der Tradition des Grafen Pocci, Meister Winters und der Avantgardisten des Objekt-Theaters wie Gyula Molnar oder Catherine Sombstay. Er hat deren höchst verschiedene Stücke und Spielweisen allesamt studiert und sie seit der Gründung des Berliner Figurentheaters „Homunkulus" 1990 unverwechselbar weiterentwickelt. Dabei hebt er nicht nur die traditionelle Trennung von Spieler und Figur auf, sondern auch die übrigen Grenzen seines Genres.

In der „Seebühne", die lange Jahre als Sommerspielstätte des „Homunkulus" diente, agieren Figuren und Schauspieler gleichberechtigt neben den Schwesternkünsten, das heißt neben Musik, Licht, Bühne und Requisiten, die wie bei Brecht allesamt aufs Sorgfältigste ausgewählt und gebaut werden. Der Spielplan reicht von den Klassikern für Kinder wie „Die Grille", „Hase und Igel" oder „Pinocchio" über maritime Stücke wie „Robinson Crusoe" und „Die Schatzinsel" bis zu den Klassikern der Weltliteratur wie Shakespeares „Sturm" und Goethes „Faust". So erreicht sein Theater seit 25 Jahren ein Publikum, das sich der Tradition ebenso verbunden fühlt wie dem Experiment. Karl Huck, Wiebke Volksdorf und die Mannschaft der „Seebühne" haben eine Welt von Geschichten im Frachtraum ihres Schiffes. Auf dem Kartentisch sind aber auch noch viele unbekannte Küsten eingezeichnet, die es spielend zu entdecken gilt.

Karl Huck hebt nicht nur die traditionelle Trennung von Spieler und Figur auf, sondern auch die übrigen Grenzen seines Genres.

ELVERHØJ
BØRNENES TEATER

Der Figurensammler – „Homunkulus"

30

Homunkulus Figurensammlung
Norderende 181
18565 Vitte
038300 60593
www.homunkulus.de

Noch ein Kind. Diesmal jenes, das der unermüdliche Karl Huck in den Hiddenseer Sand setzte. Und doch hat er nicht sprichwörtlich auf Sand gebaut. Denn seine Fundamente als Regisseur und Autor, als Gründer des Berliner Homunkulus-Theaters, als Spielleiter am Theater Wismar oder als künstlerischer Leiter der Seebühne Hiddensee versprachen Standhaftigkeit. Eine Eigenschaft, die angeraten ist, wenn man sich in ein derartiges Großprojekt stürzt.
Vielleicht kam dem 1960 in Karl-Marx-Stadt (heute Chemnitz) geborenen Huck auch sein breites berufliches Experimentieren zur Hilfe, sei es als Bäcker, Marinesoldat oder Schiffstaucher. Man weiß ja nie, wozu dies manchmal gut ist.
Am Ende stand die „Homunkulus Figurensammlung" unweit der Seebühne in einem äußerlich schlichten Holzbau. Doch das modernistisch anmutende Haus wäre kein Kind von Karl Huck, wenn es nicht etwas Besonderes in sich hätte. Und das sind nicht nur die geliebten Figuren des neuen Spielleiters der Sammlung, sondern Requisiten, Plakate, Maschinen, Bühnenschmuck und sonstiger theatralischer Zubehör. Und schon öffnet sich eine andere Welt, in der wir Menschen selbst nur Gast sind. Es ist eine Welt der Märchen, Sagen, der Fantasie, der großen Literatur, eine Welt der „anderen" sichtbaren und unsichtbaren Mächte, der Mythen, des Zaubers und der Hexerei.
Zuweilen aber kommt dann doch das gewohnte Leben zurück. Diesem „Kunstort" kann auch das nicht schaden. Ein Besuch ist Pflicht.

Und schon öffnet sich eine andere Welt, in der wir Menschen selbst nur Gast sind.

Das „erste Haus am Platz" …

… spiegelt sich in neuem Glanz

Das erste Haus am Platz

31

Hotel zur Ostsee
Süderende 4
18565 Vitte

1906 eröffnete der Gastwirt Franz Freese im Zentrum von Vitte das „Hotel zur Ostsee". Lange galt es als das „erste Haus am Platz", und schon der imposante Eckturm zeigte an, dass hier etwas Luxuriöses auf die Insel kam. Dabei waren die Preise (Vollpension 4 Mark) für heutige Verhältnisse eher lächerlich. Ein Blick auf alte Postkarten lässt den Charme des Hauses erahnen. Legendär ist auch der Saal, der für Veranstaltungen aller Art genutzt wurde.

Das Haus hat lange auf einen Prinzen gewartet, der es wachküsste.

Das Haus teilte nach dem Krieg das Schicksal vieler gewerblich genutzter Immobilien. Der Besitzer floh 1953 in den Westen. Das Anwesen wurde enteignet und dem Freien Deutschen Gewerkschaftsbund (FDGB) übergeben. Als FDGB-Heim sicherte das Haus noch über Jahrzehnte die Urlaube der „Werktätigen der Republik". Von so mancher Tanzveranstaltung schwärmen die Hiddenseer bis heute. Seit den 1950er Jahren gab es sogar Theater. Dazu reiste ein kleines Ensemble aus Putbus an und verwandelte den Tanzsaal notdürftig in einen Schauspielsaal. Auf dem Spielplan stand unter anderem Tucholskys „Schloß Gripsholm". 1970 endeten die aufwendigen Theateraufführungen, weil das Theater in Putbus mit dem in Stralsund fusionierte.
1989 wurde das Hotel rückübertragen und danach mehrfach verkauft. Offensichtlich hat sich manch Bauherr mit dem Objekt übernommen. Im Ergebnis wartete eine Ruine auf bessere Zeiten. Es dauerte Jahre, dann erschien endlich und trotz Corona ein Prinz (blauäugig oder mit entsprechendem Konto), küsste das Ensemble wach und hauchte dem Haus neues Leben ein.

Die Scheune blau, der Himmel blass …

Blau, blau, blau …

32

Blaue Scheune

Norderende 175
18565 Vitte
0172 3236900
www.seebad-hiddensee.de

Die blaue Stunde, das blaue Sofa, die blaue Langune, das Blaue Band, Käpt'n Blaubär sogar das Blaue Wunder in Dresden oder die Blaue Blume als Wahrzeichen der Romantik gibt es schon. Aber eine blaue Scheune gibt es nur in Vitte. Das reetgedeckte Gebäude hat seinen dunkelblauen Farbanstrich der Malerin Henni Lehmann (1862–1937) zu verdanken, die 1924 das als Scheune genutzte Hallenhaus der Bäckerei Schwartz, erwarb. Vier Jahre zuvor gründete die Berlinerin den Hiddensoer Künstlerinnenbund. Mit dabei: Elisabeth Büchsel, Clara Arnheim, Käthe Löwenthal und andere.

Das niederdeutsche Hallenhaus ist das letzte sogenannte Rauchhaus der Insel. Da es keinen Kaminzug gab, entwich der Rauch über das Dach. Für heutige Brandschutzanforderungen geradezu abenteuerlich. In Lehmanns Ferienhaus befanden sich nicht nur Ateliers. Auch Ausstellungen der „Malweiber", wie die Künstlerinnen eher abfällig betitelt wurden, fanden eine breite Aufmerksamkeit. Die Machtergreifung der Nationalsozialisten beendete das Wirken des Künstlerinnenbundes, dem nicht wenige jüdische Malerinnen angehörten. Henni Lehmann nahm sich 1937 das Leben [39]. Doch das Haus blieb und wurde zu einer Attraktion des Ortes und der Insel.

Das reetgedeckte Gebäude hat seinen dunkelblauen Farbanstrich der Malerin Henni Lehmann zu verdanken.

In den 1950er Jahren erwarb der in Dresden geborene Maler Günter Fink (1913–2000) das Anwesen. Ihm ist zu verdanken, dass das Haus Galerie und Künstlertreff geblieben ist. Noch heute lädt es zweimal wöchentlich zum Besuch ein.

Ein Haus wird literarischer Ort

33

Ehemaliges ABV-Haus
Süderende 38
18565 Vitte

Zu DDR-Zeiten gehörte es zu den Aufgaben des Inselpolizisten, nicht nur für Ruhe und Ordnung zu sorgen, sondern sich verdächtiger subversiver Elemente zu entledigen, die dem Arbeiter- und Bauernstaat vermeintlichen Schaden zufügen konnten. Da die Insel Grenzgebiet war, lag auf der Hand, welche Art Schaden gemeint sein könnte. Ein besonderes Augenmerk legte also der Abschnittsbevollmächtigte (ABV) auf junge Leute, die, falls in keiner Urlauberunterkunft gemeldet, potenzielle Verdächtige waren. Entsprechend oft wurden vorsorglich Papiere kontrolliert, am besten gleich am Hafen von Vitte, wo die Schiffe aus Stralsund allerlei buntes Menschenvolk entluden.

Der Roman „Ende einer Reise" beschreibt ein reales wie groteskes Spektakel aus dem DDR-Absurdistan.

Im Sommer 1983 geschah dies drei jungen Leuten aus Berlin, die in Ermangelung üblicher Ausweise nur Behelfsausweise vorzeigen konnten. Mit diesen deklassierte das System aufmüpfige Untertanen. Grund genug, sie für verdächtig zu halten und mit auf das Revier im Wohnhaus des ABV zu nehmen. Der Versuch des ABV, eine schnelle Klärung des Falls durch Telefonate zu Dienststellen nach Bergen oder Stralsund zu lösen, scheiterte kläglich. Schließlich war auch noch Freitagnachmittag. So musste sich der ABV samt Familie in seinem Wohnhaus mit den Festgesetzten einrichten, denn Laufenlassen konnte er sie nicht mehr. Im Roman „Ende einer Reise" beschreibt der Autor die Odyssee der Festgenommenen durch den real existierenden Inselsozialismus Mitte der 1980er Jahre mit einem grotesken Ausgang. Im Mittelpunkt das Haus Süderende Nr. 38.

Holger Teschke, Autor und Regisseur

Holger Teschke und Karl Huck bei der Probe

Ein Inselautor besonderer Art

34

Holger Teschke kennt Hiddensee seit seiner Kindheit. Der gebürtige Rüganer (1958 in Bergen geboren) blieb auch später der Insel treu. Als Student verbrachte er Anfang der 1980er Jahre vier Jahre Weihnachten und Silvester in einer kleinen Wohnung unterm Dach der Sparkasse von Vitte. Von seinem Verhältnis zu Hiddensee erzählt der 2008 erschienene Band „Inselzeiten – Rügen und Hiddensee" mit Fotografien von Karsten Bartel. Für das Buch erhielten beide den Kulturpreis der Kulturstiftung Rügen. 2011 erschien der Reise-Essay „Rügen und Hiddensee" (Hoffmann und Campe), zwei Jahre später die „Gebrauchsanweisung für Rügen und Hiddensee" (Piper Verlag) und 2014 der Band „Heringe" in der Reihe „Naturkunden". Seit 2006 arbeitet er als Autor und Regisseur mit der Seebühne Hiddensee zusammen, wo er unter anderem „Robinson Crusoe" nach Defoe, „Poe – Ein Spiel von Liebe und Tod" nach Texten von Edgar Allan Poe, „Faust" nach Goethe und den „Sturm" nach Shakespeare inszenierte. Seine Lieblingsorte auf der Insel sind neben dem „Homunkulus" in Vitte die Strände zwischen Enddorn und Neuem Bessin und am Gellen-Leuchtturm. Hier wandert Teschke gern auf den Spuren von Joachim Ringelnatz, Hans Fallada und Erich Arendt, deren Bücher er auf jede Reise nach Hiddensee mitnimmt. Zu seinen Lieblingsmalerinnen der Insel gehören Antonie Biel und Julie Wolfthorn, zu seinen Lieblingsplänen die Wiedererrichtung der „Souveränen Kunstfischer-Republik Hiddensee", die schon Max von Schilling plante.

Seit 2006 arbeitet Teschke als Autor und Regisseur mit der Seebühne Hiddensee zusammen.

Buchhandlung unterm Reetdach: „Koralle"

Buchhändlerin Susanne Sultan in ihrem „Wohnzimmer"

35

Die „Koralle"

Buchhandlung Koralle
Norderende 202
18565 Vitte
038300 218

Der Name ist schon ungewöhnlich, will er doch so gar nicht auf eine Ostseeinsel passen. Und doch ist die Buchhandlung, die den Namen „Koralle" trägt, inzwischen ein Markenzeichen. Zu verdanken ist das zwei engagierten Buchhändlerinnen: Renate Seydel, die das Haus dreißig Jahre führte und sich als Lektorin für Film und Fernsehen und Autorin („Hiddensee – Ein Lesebuch") einen Namen machte, und Susanne Sultan, einer Fränkin, die seit ihrem ersten Besuch 2004 von der Insel fasziniert war. Noch mehr, als sich ihr Herz auch für einen kleinen Buchladen erwärmte, der nicht größer als ein Wohnzimmer war. Kein Wunder, dass die Wahlberlinerin, die seit dieser Zeit Kontakt zu Renate Seydel hielt, Jahre später eigene Zukunftspläne mit der „Koralle" verband. Seit 2021 hat sie, neben ihrer Buchhandlung in Berlin, die Geschicke des Vitter Buchladens selbst in der Hand. Ein Glücksfall, verschreibt sich die Vollblutbuchhändlerin doch einem bewährten anspruchsvollen Programm und setzt dennoch eigene Akzente. So kommt auch ansprechende Urlaubs- und Unterhaltungsliteratur nicht zu kurz, wozu die einschlägigen Hiddenseebücher genauso zählen wie die neu aufgelegten DDR-Kinderbücher. Kurzum, in dem gut sortierten Programm, das bewusst auf Bücherramschtische verzichtet, sollte jeder fündig werden. Wenn nicht, steht mit Inhaberin Susanne Sultan eine freundliche wie fachkundige Beraterin zur Verfügung. Schon das rechtfertigt einen Besuch, der sich nicht nur bei schlechtem Wetter lohnt.

Ein gut sortiertes Programm, das bewusst auf Bücherramschtische verzichtet.

„Klangspiel" im Schulhof

Inselschule im ehrwürdigen Gemäuer

Die Inselschule

36

Schule Hiddensee
Schulweg 4
18565 Vitte
038300 608955
www.schule-hiddensee.de

Warum eine Schule ein besonderer Ort sein soll, erschließt sich nicht auf den ersten Blick. In Hiddensee aber ist es so, weil die Insel so wenige Kinder hat, dass sich eine Schule kaum lohnt. Dabei gab es einmal drei Schulen in den Ortsteilen. Die Schulen in Kloster und Neuendorf stellten 1968 und 1974 ihre Arbeit ein. Die Schule in Vitte wurde 1887 gegründet, wobei schon vorher Schulmeister auf der Insel tätig waren und 1840 die Schule im Küsterhaus Kloster eingerichtet wurde. Vittes neue Schule bestand aus einem einzigen Raum. Immerhin brauchte es auch nur einen Lehrer für die 69 Schüler aller Altersklassen. 1896 hatte die Schule bereits 113 Schüler. Der durchschnittliche Aufwuchs betrug zwischen zehn und 15 Schülern. Heute gibt es 56 Schüler mit acht Lehrern. In der Regel werden zwei Altersklassen gemeinsam unterrichtet. Und das bis zur 10. Klasse. Wer zum Gymnasium will, der muss die Insel verlassen und in Bergen sein Glück versuchen. Dann allerdings ist das Elternhaus nicht mehr täglich erreichbar und ein Internatsplatz notwendig. Die Schule bildet auch die gesellschaftlichen Entwicklungen der Zeit ab. So wurde erst 1936 eine Lehrerin eingestellt. 1945 folgte dann die Entlassung aller Lehrer wegen NSDAP-Mitgliedschaft. Dafür fanden 17 Kinder von Vertriebenen Aufnahme in der Schule.

1887 brauchte es nur einen Lehrer für die 69 Schüler aller Altersklassen.

Für den Transport der Schüler aus den Ortsteilen ist seit 2008 der Inselbus zuständig. Zu Beginn der Schülertransporte 1966 war es nur ein Traktor nebst Anhänger. Davor kamen die Schüler zu Fuß oder mit dem Rad.

Sommerpalast unter schattigen Bäumen

Ein Palast auf Hiddensee

37

Sommerpalast Hiddensee
Norderende 156
18565 Vitte
038300 603951
www.sommerpalast hiddensee.de

Palästen begegnet man auf der Insel eher selten. Umso erfreulicher ist es, dass mit dem „Sommerpalast" diese „architektonische Lücke" geschlossen wird. In strahlendem Weiß zeigt sich ein Haus, das eine Familie Hoffmann 1880 als „Villa Antoinette" erbauen ließ. Damit gehört es zu den ältesten Gästehäusern der Insel.

Im Roman „Hiddensee" von 1910 spielt als Schauplatz der Handlung ein „Sommerpalast" eine gewisse Rolle. Autor ist der in Rostock geborene Adolf von Wilbrandt (1837–1911). Immerhin brachte es der viel reisende und hoch dekorierte Wilbrandt nicht nur zum Direktor des Wiener Burgtheaters, sondern wurde für seine Verdienste auch vom bayrischen König Ludwig II. geadelt. Dabei war es Wilbrandt, der 1875 den wahrscheinlich ersten Schwulenroman der deutschen Literaturgeschichte unter dem Titel, „Fridolins heimliche Ehe" verfasste.

Schauplatz der Handlung im Roman „Hiddensee" (1910) ist ein „Sommerpalast".

Heute ist der Sommerpalast ein wichtiger Treffpunkt und Kommunikationsort. Sein gemütliches Café (leckerer Kaffee und selbst gebackener Kuchen) und der angeschlossene Laden (maritime und regionale Spezialitäten) sind eine echte Bereicherung. Doch bis die Gastronomie Einzug halten konnte, lag reichliche Arbeit vor den neuen Besitzern. Es lässt sich heute nur erahnen, wie weit die Nutzung des Hauses als Turnhalle des Ortes bis 1990 und der folgende 18-jährige Leerstand dem Gemäuer zugesetzt haben. Umso lobenswerter ist das private Engagement der Eigentümer und Betreiber, der Insel ein Haus und der Werbung einen Sommerpalast zu schenken.

Hundert Jahre alt, das Ärztehaus

Ärztehaus – nun doch Vitte

38

Ärztehaus Vitte
Süderende 57
18565 Vitte
038300 287

Was heute selbstverständlich ist, einen Arzt am Ort zu finden, war es früher keineswegs. Ärzte mussten in dringenden Fällen aus Schaprode oder Gingst geholt werden. Allein das Übersetzen mit dem Boot war oft abenteuerlich. So forderten um 1910 die Einwohner, einen Arzt anzustellen. Dabei war klar, dass es sich um eine anständige Bezahlung und eine kostengünstige Unterkunft handeln müsse. Ein Arztverein unter Leitung des Pastors Arnold Gustavs und unter reger Beteiligung der Dorfschulzen von Neuendorf und Vitte sollte das Problem lösen. Diskussionen entbrannten zunächst über die Frage, ob das Arzthaus besser in Kloster oder in Vitte stehen sollte. So gab es gute Gründe für Kloster, zumal das Provisorat Stralsund das Angebot unterbreitete, ein großes Grundstück für 3 Mark den Quadratmeter abzutreten. Schließlich lehnte Gustavs das günstige Angebot ab und teilte dem Kloster in Stralsund mit, dass man sich auf den Bau eines Wohn- und Praxishauses in Vitte geeinigt hätte. Als Begründung gab er die zentrale Lage auf der Insel an.

Ärzte mussten in dringenden Fällen aus Schaprode oder Gingst geholt werden.

Der Bau wurde dem Bauunternehmer Arndt in Vitte übertragen, wobei die Baukosten bei 20.000 Mark liegen sollten. 1915 wurde das Haus, ein massiver Klinkerbau fertiggestellt. Während die ersten Ärzte bei Bäckermeister Schwartz in Vitte oder im „Haus Sanssouci" unterkommen mussten, zog noch 1915 ein Dr. Claus ein. Inwiefern die Hiddenseer mit Dr. Claus leben konnten, ist nicht überliefert, das Haus selbst aber ist bis heute eine gute Investition.

Inselbücherei

Henni-Lehmann-Haus

Henni Lehmann – mehr als nur Spuren

39

Henni-Lehmann-Haus
Wiesenweg 2
18565 Vitte
038300 60760
www.seebad-hiddensee.de

Das imposante Gebäude unweit des Hafens von Vitte ist einst als Sommerhaus genutzt worden. Die Besitzer: Henni und Karl Lehmann. Beide entstammten wohlhabenden jüdischen Familien und waren seit 1888 verheiratet. 1907 ließen sie sich die Villa vom Schweriner Architekten Paul Ehmig bauen. In der oberen Etage arbeitete die Malerin Henni Lehmann, 1862 als Henni Straßmann geboren und an der Königlichen Kunstschule Berlin ausgebildet. Sie war es auch, die kurz nach dem Tod ihres Mannes 1919 zu den Gründerinnen des Hiddensoer Künstlerinnenbundes zählte. Zugleich stellte sie der Gruppe ihr Ferienhaus, die „Blaue Scheune", als standesgemäßes Domizil zur Verfügung [32]. Doch nicht nur ihre künstlerische Ader hat auf der Insel Spuren hinterlassen. Von ihrem sozialen Engagement auf der Insel zeugen das Darlehen für den Bau des Ärztehauses, die Hilfe zur Gründung einer Genossenschaftsreederei oder die Vorstandstätigkeit im Natur- und Heimatschutzbund.
Die nationalsozialistische Machtergreifung setzte ihrem Wirken ein Ende. Die schon vor einem halben Jahrhundert zum Protestantismus konvertierte Künstlerin mied Hiddensee. 1937 nahm sie sich das Leben. Ihr Sommerhaus wurde durch die Gemeinde zum Rathaus umgebaut und bis 1991 genutzt. Ab 2000 ist es das „Haus des Gastes" und trägt offiziell den Namen „Henni-Lehmann-Haus". Es beherbergt die Inselbibliothek und einen großen Veranstaltungsraum, der vielfältig genutzt wird. Auch das würde Henni Lehmann noch heute gefallen.

Nicht nur Henni Lehmanns künstlerische Ader hat auf der Insel Spuren hinterlassen.

Tim Herden – Garant für spannende Unterhaltung

Rathaus Vitte als Tatort

Krimiautor Tim Herden

40

Rathaus Vitte
Norderende 162
18565 Vitte

Wie kommt man auf die Idee, Krimis über Hiddensee zu schreiben? Die Antwort ist einfach: Man wird auf der Insel Opfer eines vermeintlichen „Verbrechens". Und dann noch am eigenen Hochzeitstag. Der Tatort: Rathaus Vitte. Der Fall: Diebstahl eines angeschlossenen Fahrrads. Tim Herden begibt sich im September 2005 mit seiner Ehefrau auf die Fahndung nach dem gestohlenen Rad und trifft dabei den Inselpolizisten Horst Henk. Der fühlt sich in seiner Ehre verletzt, wurde das Fahrrad doch unmittelbar vor seinem Revier entwendet. Bei der Aufnahme der Anzeige erfährt der gelernte Journalist Herden so einiges über den Polizistenalltag auf Hiddensee. Danach steht sein Entschluss fest: Der Inselpolizei muss ein literarisches Denkmal gesetzt werden.

Mordopfer sind unter anderem der Inselpfarrer, ein Hotelier, ein Inselmaler und ein Fischer.

2010 erscheint sein erster Inselkrimi „Gellengold" im Mitteldeutschen Verlag. Tim Herden schickt ein ungleiches Ermittlerpaar, den Inselpolizisten Damp und den „zugereisten" Berliner Hauptkommissar Rieder, auf die Suche nach dem Mörder eines Kunstwissenschaftlers. Sechs weitere Fälle folgen. Sterben müssen der Inselpfarrer, ein Bauunternehmer, ein Hotelier, ein Inselmaler, ein Tourismusmanager und natürlich ein Fischer.
Inselpolizist Henk klärte übrigens den Fahrraddiebstahl auf. Der Verleiher hatte eine Rückgabestation neben dem Rathaus. Im Glauben, Tim Herden habe bei der Rückgabe vergessen, den Schlüssel in den Briefkasten zu werfen, knackte er das Fahrradschloss und stellte es in seinen Schuppen. Ein typisch Hiddenseer Fall.

Ein „merkwürdiges" Haus

41

Haus Weidermann
Am Seglerhafen 13
18565 Vitte

Der Weg der Direktoren, so könnte früher der eher im öffentlichen Bewusstsein vernachlässigte Sandweg geheißen haben, den man heute „Am Seglerhafen" nennt. Immerhin bauten zwei kaufmännische Direktoren nach dem Ende des Ersten Weltkrieges fast mitten in der Inflationszeit Sommerhäuser. Richard Müller im Jahr 1922, Karl Weidermann ein Jahr darauf. Ihr Architekt war kein geringerer als der 38-Jährige Ostpreuße Max Taut (1884–1967), der inzwischen in einer Berliner Bürogemeinschaft arbeitete und sich mit diesen und zwei weiteren Häusern auf Hiddensee (Haus Pingel und Haus Gehlen in Kloster) ein oder besser vier Denkmale setzte. Und das innerhalb weniger Jahre.

Für Hiddensee eine architektonische Provokation, die manch Zeitgenosse mit einem ungläubigen Kopfschütteln quittierte.

Allerdings ahnte damals noch niemand vom Weltruhm des zukünftigen Stararchitekten. Schon Haus Müller, das 1928 die Stummfilmdiva Asta Nielsen (1881–1972) erwarb, war in seiner äußeren Anmutung ungewöhnlich und wurde liebevoll „Karusel" genannt [83]. Doch Haus Weidermann stellte in seiner eigenwilligen futuristischen Form, das Nachbarhaus noch in den Schatten. Für Hiddensee im Jahr 1923 eine architektonische Provokation, die manch Zeitgenosse mit einem ungläubigen Kopfschütteln quittierte. Weidermann hatte offensichtlich seine Freude daran, jedenfalls bis 1939. Dann verkaufte er das Haus, wohl auch weil die von ihm verehrte Asta Nielsen, ihrem „Karusel" zwei Jahre früher den Rücken kehrte.

Hexenhaus ohne Hexe

Das „Hexenhaus“ und seine Bewohner

42

Hexenhaus

Sabine Reichwein
Süderende 105
18565 Vitte

Wenn Häuser erzählen könnten! Diesen Satz ruft man dem „Hexenhaus“ mit einem großen Seufzer entgegen. Denn das Haus, ein 1753 erbauter Fischerkaten, spiegelt wie kaum ein anderes Gebäude die deutsche Geschichte in vielen kleinen Geschichten wieder. 1915 erwarb Elisabeth Büttner, eine Hamburger Porträtmalerin, die an der Damen-Akademie des Münchner Künstlerinnenvereins studiert hatte, das Haus. Die weltgewandte Frau, die auf lange Reisen und Studienaufenthalte nach Amerika und Russland verweisen konnte, kam 1904 erstmals nach Hiddensee und fühlte sich gleich heimisch. Sommeraufenthalte folgten. 1919 schloss sie sich als Malgast dem von Henni Lehmann gegründeten Hiddensoer Künstlerinnenbund an. Elf Jahre später, inzwischen krank und verarmt, verkaufte sie im Alter von 77 Jahren das Anwesen. Sie starb in Hamburg.

Das Haus spiegelt wie kein anderes die deutsche Geschichte in vielen kleinen Geschichten wieder.

Die neuen Besitzer, Annemarie Pallat und ihr Mann Ludwig, ein ausgewiesener Archäologe und Pädagoge im Preußischen Kultusministerium, nutzten das Hexenhaus als Sommersitz. Ihre gemeinsame Tochter heiratete 1933 den Sozialdemokraten und Reformpädagogen Adolf Reichwein. So kommt Reichwein nach Vitte. Nach Kriegsbeginn schloss er sich dem Kreisauer Kreis an. Im Falle eines Umsturzes wäre der ehemalige Professor Reichwein als Kultusminister der neuen Regierung vorgesehen. Durch Verrat wird der Vater von vier Kindern verhaftet und vom Volksgerichtshof zum Tode verurteilt. Seine Tochter nutzt bis heute das Hexenhaus und macht es gelegentlich für Besucher zugänglich.

Komfortable Abgeschiedenheit – Hotel Heiderose

Stiller geht's nicht mehr

43

Wer Abgeschiedenheit wünscht, ist im Hotel Heiderose bestens aufgehoben. Stiller und abgeschiedener geht es nicht mehr. Dabei bietet das Hotel allen Komfort. Das war nicht immer so. Als Paul Krüger 1905 einen Gasthof mit dem Namen „Gasthaus zur Heiderose" eröffnete, handelte es sich um nicht mehr, als um ein bäuerliches Gehöft. Noch in den 20er Jahren des letzten Jahrhunderts bot das Haus vor allem Natur und bäuerliche Idylle.

1953 wurden die Besitzer, wie so viele Hoteliers und Inhaber größerer Pensionen, im Auftrag der SED verhaftet und unter dem Vorwand wirtschaftlicher Vergehen enteignet. Verbunden ist die Zeit mit der von der Volkspolizei durchgeführten „Aktion Rose", die vielen Unschuldigen mehrjährige Haftstrafen einbrachte oder sie in den Westen trieb. Die Enteignung von Paul und Friedel Krüger durch die sowjetische Kommandantur währte zum Glück nur zwei Jahre. Dann, nach Abzug der Truppen, bekamen die Krügers sogar ihr Anwesen zurück und erhielten eine Entschädigung. Ein Vorgang, der eher ungewöhnlich war.

Seit Ende der 1950er Jahre machte sich der Volkseigene Betrieb Simson Suhl in der Heide breit, baute Wohnhäuschen für seine „verdienten Werktätigen" und kaufte schließlich auch die Heiderose (1974). Sie sicherte nun die Verpflegung der Feriengäste, auch der in den folgenden Jahren neu erbauten Heidehäusern. Vom DDR-Charme ist Gott sei Dank heute in der großzügig bemessenen Anlage nichts mehr zu spüren.

Stiller und abgeschiedener geht es nicht mehr.

Hotel Heiderose

In den Dünen 127
18565 Vitte
038300 630
www.hiddensee-heiderose.m-vp.de

Still ruht die See …

Blick über die Bucht

„Schwarzer Peter“ oder doch nicht?

44

Schwarze-Peter-Bucht
18565 Neuendorf

Neben einem Wasserdurchbruch vom Meer infolge einer Sturmflut wurde noch ein anderer Durchbruch am „Schwarzen Peter“ legendär. Er mochte auch zur literarischen Berühmtheit der Boddenbucht beigetragen haben. Hier hatte der auf dem Klausner als Kioskbetreiber tätige Klaus Müller seine Segeljolle liegen. Es war der 7. Juni 1988, als er entschied, in der kommenden Nacht den Grenzdurchbruch zu wagen.

Zwei Jahre hatte er auf diesen Tag gewartet. Zwei Jahre, in denen er täglich die Seewetterberichte hörte und auf den optimalen Wind hoffte. Kurz vor Mitternacht stieß er am „Schwarzen Peter“ das Boot vom Ufer ab, unbeobachtet von anderen Seglern und den üblichen Grenzschützern. Müller hatte Glück und seine Flucht am Gellen entlang hinaus in das offene Meer, gelang. Ungewöhnlich bereits die Ankündigung: Er hatte dem Stellvertretenden Staatsratsvorsitzenden Egon Krenz mitgeteilt, dass er nur eine Bildungsreise nach Italien plane, ganz im Sinne Johann Gottfried Seumes (1763–1810), der es schließlich auch bis nach Syrakus brachte.

Müller hatte Glück und seine Flucht am Gellen entlang, hinaus ins offene Meer, gelang.

Müller kam nach Ende der Bildungsreise wirklich in die DDR zurück. Und auch das angekündigt in einem Brief an Egon Krenz. Die Geschichte ist so absurd, dass sie Friedrich Christian Delius als Romanvorlage diente. Doch auch Klaus Müller erzählt seine Geschichte nebst Darstellung der berühmten Briefwechsel im Buch „Hiddensee – Die Insel der Anderen“ (Hrsg. Apelt/Klauß) und in seiner Biografie „Gehen, um zu bleiben: Aus der DDR nach Italien – und zurück“ [20] selbst.

Das Haus am Meer in Neuendorf

45

Haus am Meer
Dörpstraat 13
18565 Neuendorf

Das an Hotels arme Neuendorf konnte bereits vor dem Ersten Weltkrieg mit einem opulenten Gasthof aufwarten, dem „Haus am Meer". Besitzer ist Alfred Freese, dessen Nachkommen das Haus auch über die DDR-Zeit retteten. Im „Haus am Meer" logierte der Schriftsteller Hans Fallada (eigentlich Rudolf Wilhelm Friedrich Ditzen, 1893–1947) im Dezember 1931.
Fallada, in Greifswald geboren, war, wie er selbst mitteilte, der einzige Gast. Hier schrieb er den berühmten Roman „Kleiner Mann – was nun?", den er bereits zwei Monate vorher in Neuenhagen bei Berlin begonnen hatte, zu Ende. Fallada war ein Nachtarbeiter und Schnellschreiber. Das Buch, das die Sorgen eines arbeitslosen Mannes am Ende des Krieges und zu Beginn der Weimarer Republik schilderte, wurde ein Welterfolg. Bei seiner Wiederentdeckung vor wenigen Jahren stürmte es erneut die Bestsellerlisten.

Hier schrieb Hans Fallada den berühmten Roman „Kleiner Mann – was nun?".

Hans Fallada, schon damals dem Alkohol erlegen und zweimal wegen Betrugsdelikten vorbestraft, schrieb aber nicht nur wie besessen am Roman. Er machte ausgedehnte Strandspaziergänge und suchte nach Bernstein. Auch mit den Fischern kam er ins Gespräch. Und wie immer trank er dabei. Das kann den heutigen Besuchern des Hauses nicht mehr passieren. Das Haus am Meer ist schon lange keine gastronomische Einrichtung mehr. Dabei hat gerade noch der Erfolgsautor Gregor Sander, seine Haupthelden in Freeses Hotel viel Bier trinken und bis nach Mitternacht tanzen lassen („Der Stand der Dinge"). So bleibt das Haus wenigstens in der Literatur erhalten.

46 Autofreiheit bis zum Horizont

Insel Information Hiddensee Vitte
Achtern Dieck 18 a
18565 Vitte
038300 608685
www.seebad-hiddensee.de

Die nachhaltigste Entscheidung der Hiddenseer Gemeindeoberen war die Verbannung jeglichen privaten Autoverkehrs von der Insel. Allein das Fehlen dieser Blechkarossen auf dem immerhin 16,8 Kilometer langen und 19 Quadratkilometer großen Eiland führt zu einer Entschleunigung allen Lebens. Stattdessen ergreifen Pferdewagen, Fahrradfahrer und Fußgänger Besitz von Straßen und Wegen. **So sind fast hundert Pferde für 13 Fuhrwerksunternehmen im Einsatz.** Der Autoverkehr beschränkt sich auf Bau- und Versorgungsfahrzeuge sowie das elektrisch betriebene Polizeiauto. Und einen Inselbus, der die Ortsteile miteinander verbindet.

Mit echten PS unterwegs

Bessin – Natur pur

47

Der Alt- und Neubessin verdanken ihr Bestehen Anspülungen. Besonders von der Nord- und Westküste Hiddensees haben Strömungen immer wieder Sand in das flache Boddenwasser geschwemmt. **Nach Jahrhunderten entstanden so merkwürdige Halbinseln, die wie Hakennasen an der Hauptinsel hängen.** Während das Wachstum des Altbessins abgeschlossen scheint, wächst der Neubessin jährlich um bis zu 60 Meter weiter. Das Betreten dieser Schutzzone I des Nationalparks ist verboten. Als Ersatz bietet der Altbessin einen Weg bis zur Südspitze. Dort befindet sich ein Aussichtsturm, der eine grandiose Sicht eröffnet.

Bessin

Blick zum Bessin

48 Geheimtipp für den Wanderer

Hochuferweg
Von Kloster zum Dornbusch
18565 Kloster

Ein an Schönheit kaum zu überbietender Hochuferweg führt von Kloster kommend, an der Steilküste entlang, zum „Klausner". Der Weg, für Fahrräder ungeeignet, wirkt wie ein verwunschener Pfad. Er bietet faszinierende Aussichten auf das Meer, das gegen die Steilufer anläuft, reichhaltigen landestypischen Bewuchs mit Sand- und Weißdorn und eine abwechslungsreiche wie anspruchsvolle Wegstrecke, mal schmal, mal breit, sandig, steinig oder bewachsen. **Manch Wanderer wird das Gefühl nicht los, in einem Gebirge zu sein.** Wer sich auf den Bänken in „großer Höh" niederlässt, wird vom Ausblick verzaubert.

Hier schlägt jedes Wanderherz – der Hochuferweg

Die längste Treppe Hiddensees

49

Auch bei Lutz Seilers „Kruso“ spielt die Treppe eine Rolle. Schließlich verbindet sie das Meer mit dem Restaurant „Klausner“ auf dem Dornbusch, dem Hauptort der Romanhandlung. Folgerichtig müssen die Akteure Treppen steigen und teilen damit das Schicksal aller Hiddensee-Besucher, die von Kloster kommend den Weg an der Hucke entlang nehmen, um als krönenden Abschluss des Ausflugs Treppen zu steigen. **Dabei werden fast 70 Meter Höhenunterschied überwunden.** Wer es ohne anzuhalten schafft, darf stolz sein. Und hat sich einen guten Tropfen wirklich „verdient“.

Hochufertreppe
Dornbusch
18565 Kloster

Krusos Treppe

50 Der Bakenberg

Bakenberg
18565 Kloster

Die höchste Erhebung Hiddensees misst ganze 72 Meter. Das mag nicht hoch sein, doch beim beschwerlichen Aufstieg oder der noch beschwerlicheren Auffahrt (mit dem Rad) von Kloster aus, vorbei an Wiesen und Weiden, spürt der Wanderer die Höhe in den Beinen. **Dafür ist der Ausblick vom Norden her grandios.** Egal ob über den flachen Teil der Insel hinunter bis zum Gellen oder über den Schaproder Bodden bis nach Rügen. Grund genug, dass es sich um eines der beliebtesten Landschaftsmotive der Insel handelt. Auf diesen Blick, versüßt durch bequeme Holzbänke, kann niemand verzichten.

Grandioser Ausblick – Bakenberg

Wem die Stunde nicht schlägt …

51

Nirgendwo in Deutschland hat eine Sonnenuhr so viel Daseinsberechtigung wie auf Hiddensee. Schließlich zählt die Insel zu den sonnenreichsten Regionen Deutschlands und das nicht nur, weil die Inselväter ein Werbemotto brauchten. Also zeigt seit 1995 die Uhr auf einem 60 Zentimeter großen Zifferblatt die Zeit an. **Damit sie niemand „einsteckt" hat sie der Künstler Jo Harborg, auf einem Granitblock befestigt.** Und der wiegt drei Tonnen. Doch die wertvollste Sonnenuhr nützt nichts, wenn es regnet. Dann gilt noch immer Schillers tröstender Satz: „Dem Glücklichen schlägt keine Stunde".

Sonnenuhr
Im Dornbuschwald 1
18565 Kloster

Die Sonnenuhr auf dem Granitblock

52

Der vergrabene Schatz

Aschkolben
Dornbusch
18565 Kloster

Wem der Urlaub auf Hiddensee zu langweilig erscheint, könnte als Schatzsucher Verdienste und Abwechslung erwerben. Einen besonders heißen Tipp bietet eine Legende, wonach die Mönche beim Verlassen des Klosters einen Teil ihrer Schätze auf dem Aschkolben (Hügel auf dem Weg zum Klausner) vergraben haben. **Darunter ist immerhin eine Wiege mit 12 Apostelfiguren, alles in reinem Gold.** Und sicherlich ist dann auch noch mehr vom Klosterschatz zu finden, der wegen des Umfangs die Insel nicht mehr verlassen konnte. Also Spaten nicht vergessen, vorausgesetzt man vertraut Märchen und Legenden.

Ruhestätte von zwölf goldenen Aposteln …

Grieben – klein aber fein

53

Grieben ist das kleinste und wohl auch älteste Dorf auf der Insel (erstmals 1297 erwähnt). Es liegt im Nordosten und verfügt als einziger Ort über keinen eigenen Hafen. **Der Name des Ortes leitet sich aus dem slawischen „grib" (Pilz) ab.** Grieben besteht aus einer Handvoll Häuser in einer sattgrünen Umgebung wunderbar gelegener Anwesen. Besonders sehenswert: das alte Fischerhaus Dorfstraße 50, erbaut 1720.
Am Ende des Ortes bietet eine alte Bank nicht nur den schönsten Blick über den Schaproder Bodden, sondern auch auf einen gepflegten Garten, in dem eine alte Vogelscheuche Dienst tut.

www.grieben-hiddensee.de

Romantik pur

54 Platz an der Abendsonne

Hotel Enddorn
Dorfstraße 6
18565 Grieben
038300 460
www.enddorn.de

Leuchtend erhebt sich das rote Dach in den blauen Griebener Himmel: Hotel Enddorn. Es bewacht die schmale Straße ins Dorf und lädt mit einer großen Terrasse zum Verweilen ein. **Ideal, wenn die Abendsonne auf dem Anwesen liegt.** Von dort geht der Blick in die grüne Hügellandschaft Richtung Kloster und die Landstraße entlang, die sich bald hinter dem nächsten Hügel verliert. Am Hotel, das vor allem wegen seiner Ruhe und Abgeschiedenheit geschätzt wird, hat sich wieder Jo Harbort mit Holzskulpturen verewigt. Wem dies zu viel Bildhauerei ist, dem bietet die Bilderkneipe auch gemalte Kunst.

„Hotel Enddorn" in Grieben

Schwarzes Gold

55

Plattenweg
nördlich Grieben
18565 Grieben

Wer weiß schon, dass einst auf dem Eiland nach Öl gesucht wurde? Dabei hoffte die Rohstoff-klamme DDR noch vor der großen Ölkrise auf ein Wunder. **Warum das Wunder ausgerechnet auf Hiddensee geschehen sollte, bleibt unerklärlich.** Am 10. April 1967 begann die erste Probebohrung. Diese stieß bis auf 4.600 Meter in das Inselinnere vor, allerdings gab es alles Mögliche, nur kein Erdöl. Auch weitere Probebohrungen blieben ergebnislos. Das Unternehmen war gescheitert, im Sommer 1971 wurden die Bohrungen wieder verfüllt. Vom „Goldfieber" zeugt noch heute die Betonplattenstraße am Ende Griebens in Richtung Norden.

Plattenweg zum „Schwarzen Gold"

56

Nobelpreisträger unter sich

Haus am Meer
Biologenweg 20
18565 Kloster

Auch Nobelpreisträger sind nur Menschen. So wie Thomas Mann und Gerhart Hauptmann. Die beiden vereinigte nebst Familien 1924 ein gemeinsamer Ferienaufenthalt in Kloster im „Haus am Meer" (Thomas Mann musste noch fünf Jahre auf den Preis warten). Dass dies nicht immer gut geht, zeigen die Aufzeichnungen Katja Manns, die es empörend fand, dass ihre Familie im Speisesaal essen musste, während „der König von Hiddensee" Hauptmann seine Speisen auf dem Zimmer einnehmen durfte. Von anderen berühmten Gästen der Pensionsvilla, wie dem Anthroposophen Rudolf Steiner, sind ähnliche Eitelkeiten nicht bekannt.

„Haus am Meer" mit illustren Gästen

Willi Berger – eine Institution

57

Am Eingang lud einst ein Schild zum Besuch des Ateliers „Schwalbennest" ein. Dort, so die Auskunft, könne man sogar Malunterricht erhalten. **Der Einladende war niemand anders als der älteste Bürger der Insel Willi Berger.** Berger, seinerzeit eine Institution, geboren 1922. Wehrdienst 1941–1945. Förster. Studium. Seit 1955 war Berger auf der Insel heimisch, zunächst als Konservator der Vogelwarte, später als Kunstmaler. 4.200 Arbeiten zählt sein Werk. 1965 erschien sein Buch „Hiddensee" (Unser kleines Wanderheft), 2007 seine Autobiografie „Wald, Wasser, Wind – Rückblicke" … 2018 verstarb der Künstler.

Atelier Schwalbennest
Willi Berger
Am Hochland 6
18565 Kloster

Willi Berger im Atelier

58 Hucke – Steilküste bei Kloster

Hucke
Strand Kloster
18565 Kloster

Die Landspitze nördlich des Strandes von Kloster, die als Steilküste weithin sichtbar ist, trägt diesen eigenwilligen Namen. Er kommt wohl aus dem Flämischen „hoek". Geschützt wird das Steilufer durch eine „Huckemauer", einen Steinwall, der zwischen 1937 bis 1939 angelegt wurde. Bekannt ist die Hucke nicht nur als beliebtes Fotomotiv. **In einer Höhle des Steilufers soll sich der Seeräuber Klaus Störtebeker mit seinen Mannen versteckt haben.** Sie stürzte später ein. Wenige Jahre vor dem Ende der DDR machte eine andere Rebellengruppe an der Hucke von sich reden: die Punkband Feeling B. 17.

Huckemauer gegen die drängenden Wellen

Kino, Vortrag, Entertainment …

59

Seit 1964 gibt es in Vitte ein Zeltkino. Generationen von Besuchern wurden so mit ihrem Zeltkino alt. Doch 2010 war zum Leidwesen aller zunächst Schluss. Das Kino am alten Standort schloss und Ersatzspielstätten, wie das „Strandhotel" in Vitte, mussten herhalten, um wenigstens provisorisch ein Sommerfilmprogramm abzusichern. Dazu gab es viel Streit. **Das Zeltkino schien tot. Doch Totgeglaubte leben länger.** Jörg Mehrwald, ein gebürtiger Sachse, Autor, Entertainer, Organisator und Gründungsdirektor, hat dem Standort neues Leben geschenkt. Seinem Engagement ist es zu verdanken, dass es seit 2013 wieder ein Kino gibt.

Kino Hiddensee
Achtern Dieck 21
18565 Vitte
038300 608685
www.zeltkinohiddensee.de

Zeltkino mit Tradition

60 Der Hühnergott vor dem Pfarrhaus

Pfarrhaus Kloster
Kirchweg 42
18565 Kloster
038300 328
www.kirche-hidden
see.de

Wer kennt sie nicht, die Hühnergötter. Sie gelten als Glücksbringer, vor allem wenn sie an einer Schnur um den Hals getragen werden. Dabei sind sie nicht anderes als Feuersteine, schwarz und von einer weißen Kruste umgeben, in deren Hohlräumen sich Kristalle, Kreide und fossile Einschlüssc befinden. **In Jahrtausenden löste das Meer die Einschlüsse und „bohrte" damit Löcher in die Steine.** Wie der vermeintlich größte Hühnergott der Insel ausgerechnet in Kloster vor den Eingang des Pfarrhauses fand, bleibt wohl ein Rätsel. Aber wo möglich gilt auch hier: „Die Wege des Herren sind unergründlich."

Der größte Hühnergott Hiddensees?

Das Grabkreuz der Familie Wolter

61

Wie sehr damals heute längst besiegte Krankheiten Einfluss auf das Leben der Inselbewohner nahmen, wird am Beispiel der Familie Wolter deutlich. **Innerhalb weniger Tage verloren vier Kinder des Fischers aus Kloster ihr Leben.** Es war die Diphtherie, die am 7. April 1883 Minna im Alter von zehn Jahren, am 8. April den dreijährigen Ernst, am 9. April den elfjährigen Otto und am 10. April Hulda, dahinraffte. Zwei Tage später wäre sie fünf geworden. Was dies für die Familie bedeutete, lässt sich nur schwer erahnen. Ein gusseisernes Kreuz am Eingang der Inselkirche erinnert an die Schreckenstage.

Inselfriedhof Kloster
Kirchweg 42
18565 Kloster
038300 328
www.kirche-hiddensee.de

Zeugnis unvergesslicher Schreckenstage

62 500 Jahre Leben

Ehemaliger Klostergarten

Pastorenweg
18565 Kloster
038300 328
www.kirche-hiddensee.de

Wer kann schon auf ein 500-jähriges Dasein schauen. In Hiddensee schafft es eine Winterlinde im Pfarrgarten. **Der Baum hätte schon Martin Luther Schatten spenden können, wenn der Reformator hier im hohen Norden aufgekreuzt wäre.** Aber den Gefallen tat er den Hiddenseern nicht. Dafür läuteten seine Ideen das Ende des Klosters ein.

Dramatisch ging es auch für die Linde, allerdings Jahrhunderte später, zu. Ein Blitz traf den Baum und spaltete sein Haupt. Doch erfreulicherweise erholte er sich schnell und versteht es bis heute mit einem prächtigen Laubdach den „Makel" zu überdecken.

Gespaltenes Haupt – die Linde im Pfarrgarten

Ein Küsterhaus als Galerie

63

Weder war es anfänglich ein Küsterhaus, noch handelt es sich um das Klostertor, doch zur Standortbestimmung der „Galerie am Torbogen" passt diese ahistorische Beschreibung allemal. Das Klostertor entstand zwei Jahrhunderte nach dem Ende des Klosters, aber entspricht den Wunschvorstellungen der Besucher, die sich am alten Eingang des Klosters wähnen, zumal sich dahinter Teile des Klostergartens erstrecken. **Das Haus selbst, 1840 erbaut, diente einige Jahrzehnte als Schule, später als Küsterhaus.** Heute beherbergt es eine kleine Galerie, die vom Pfarramt betrieben wird.

Küsterhaus Kloster
Am Klostertor 2
18565 Kloster
038300 328
www.kirche-hidden see.de

Küsterhaus am Klostertor

64 Hotel Dornbusch auf dem Mühlenberg

Hotel Dornbusch
Weißer Weg 2-3
18565 Kloster
038300 6040140
www.hiddensee-dornbusch.de

Seit 1860 dreht sich auf dem Mühlenberg in Kloster kein Mühlenflügel mehr. Die Mühle wurde abgetragen. Jahre später entstand ein Gasthaus und Hotel. Das kann auf viele prominente Gäste verweisen. Unter ihnen Thomas Mann, Gustav Gründgens, Billy Wilder, Inge Meisel, Gret Palucca. Vom alten Hotel ist die restaurierte Fachwerkfassade erhalten. **Zu DDR-Zeiten galt der Dornbusch als Geheimtipp für amüsierträchtige Gäste.** Legendär, die feuchtfröhlichen Tanzabende. Heute ist die Anlage Appartementhaus und bietet alle Annehmlichkeiten eines 4-Sterne-Hauses. Empfehlenswert ist die Küche der Inselstube.

Ein Blickfang – „Hotel Dornbusch"

Bäckerei Kasten – Schlange stehen …

65

Wer sich erinnern will, wie es einmal in der DDR war, dem ist ein früher Besuch der Bäckerei Kasten in Kloster zu empfehlen. **Schon von Weitem wird er vor der Bäckertür eine lange Schlange erkennen.** Untrügliches Zeichen, dass die DDR nicht „totzukriegen" ist. Geduldig warten die Kunden in einer bis zu 30 Meter langen Schlange zuweilen eine geschlagene Stunde, um in den Besitz der typischen Ostschrippe, sprich Brötchen, zu gelangen. Keine Frage, schon nach diesem Anstehen müssen die Brötchen viel besser als andere vergleichbare Produkte schmecken! Zeit genug, sich das einzureden, hat man ja.

Bäckerei Kasten
Kirchweg 25
18565 Kloster
038300 608798

Geduld ist gefragt …

66 Wieseneck als Kommunikationszentrum

Pension und Restaurant Wieseneck
Kirchweg 18
18565 Kloster
038300 316
www.wieseneck-hiddensee.de

Wer eine gemütliche Kneipe sucht, die für verwöhnte Großstädter auch noch zu nachtschlafender Zeit geöffnet hat, dem ist das Wieseneck zu empfehlen. Es ist eines der ältesten Gasthäuser der Insel, inzwischen mit Hotelbetrieb und bietet gutes Essen und kühles Bier. Das kann man noch besser auf der Terrasse hinterm Haus genießen und dabei seinen Blick über eine romantisch anmutende Landschaft von Wiesen und Bodden schweifen lassen. **Das Wieseneck ist aber auch erste Anlaufstelle und Kommunikationszentrum.** Eine sprechende Litfaßsäule der Inselneuigkeiten. Und manchmal sogar mit Kulturprogramm.

Das „Wieseneck" – Einkehr empfohlen

Vergänglichkeit

67

Um wie viel deutlicher wird unsere irdische Vergänglichkeit, wenn sie zu sehen und zu fassen ist. Den Grabsteinen hat die Zeit die Gesichter zerfressen. Der Sandstein wird mürbe, Wind und Wetter nagen an seiner Substanz. **So bleibt nur eine vage Ahnung, von den Geschichten, welche sich hinter den Steinen verbergen.** Die ältesten von ihnen sind aus dem 18. Jahrhundert. Zuweilen genügte eine Hausmarke und eine Jahreszahl, um die Erinnerung an die Verstorbenen festzuhalten. Doch wie lange halten Erinnerungen …?

Inselfriedhof Kloster
Kirchweg 42
18565 Kloster
038300 328
www.kirche-hiddensee.de

Grabstein mit Minimalinfo

68 Doktorandenhaus

Doktorandenhaus
Biologenweg 5
18565 Kloster
www.biologie.uni-greifswald.de

Wieder eines der Häuser, die Bruno Taut in Hiddensee hinterließ. Diesmal für den Breslauer Verleger Max Gehlen (1868–1931), einem Onkel des späteren Gründungspräsidenten des Bundesnachrichtendienstes Reinhard Gehlen. Bruno Taut baute es 1924. **Max Gehlen hatte nur kurze Zeit Freude an dem Haus mit seiner eigenwilligen Dachkonstruktion.** Seit 1930 nutzte es die Biologische Station Hiddensee, eine Außenstelle der Universität Greifswald. Es ist unschwer zu erraten, wie das Haus zu seinem späteren Namen kam.

Das Doktorandenhaus auch ohne „doctores"

Wilhelm Pieck lässt grüßen

69

Wilhelm-Pieck-Ring
Pastorenweg
18565 Kloster

Wer kennt ihn schon, Wilhelm Pieck (1876–1960). Immerhin war er erster Präsident der DDR und neben Otto Grotewohl einer der Vorsitzenden der SED. Und natürlich hatte die DDR seine Geburtsstadt Guben in Wilhelm-Pieck-Stadt umbenannt (dabei war er eigentlich auf der heute polnischen Seite geboren). **In Kloster hat Wilhelm Pieck, wenn schon keine Zukunft, wenigstens eine Gegenwart.** Und der nach ihm „benannte Ring", ein kleiner staubiger Fußweg, lädt ein zu einem Blick über den Gartenzaun und eine illustre Scheinwelt, in die Pieck gut passt.

Totgeglaubte leben länger …

70 Der Kiosk

Kiosk Kloster
Kirchweg 1
18565 Kloster

Manchmal kann auch ein Kiosk ein besonderer Platz sein. In diesem Fall ist er es. Denn das kleine Geschäft am südlichen Ortsausgang in Kloster bietet auf drei mal drei Metern nicht nur gemütliche Enge, sondern auch allerlei Notwendigkeiten für den Strandbesucher (bis hin zu Schlüsseln für die begehrten Strandkörbe von Kloster). Dazu scheint die Zeit hier angehalten. **Vermutlich fanden drei Generationen denselben Kiosk vor, nur dass die Waren ausgetauscht wurden.** Ohne Frage, dieser Kiosk ist Kult.

Der „Kult"-Kiosk

Ein Anker

71

Ein ausgedienter Anker am Wegesrand von Kloster. Von Wind und Wetter gegerbt. Vergessen von den Menschen. Steht nicht der Anker für die Treue? Wer also ist wem untreu geworden? Aber nicht genug. **In der abendländischen Symbolik bedeutet der Anker Hoffnung.** Dabei ist er mit dem Glauben an die himmlische Seligkeit verbunden. Das wiederum korrespondiert nun doch mit dem Platz unweit des Ankers. Und das ist der Friedhof der Insel.

Anker
gegenüber Kirchweg 39
18565 Kloster

Anker am Wegrand

72 Hedins Insel

Hedins Oe
Mühlberg 43
18565 Kloster
038300 273

Hedin, der Name eines sagenumwobenen nordischen Königs, der seine Frau einem Widersacher raubte und dann Frieden anbot, gab dem Haus seinen Namen. Oe, steht für Insel. **Im gleichnamigen Café, gibt es mehr als nur Kaffee.** Auch ein guter Mittagstisch wartet auf die Gäste. Und natürlich Kunst. Die ist in monatlich wechselnden Verkaufsausstellungen zu erschwinglichen Preisen zu erhalten. Oder eben kostenlos zu betrachten. Einen mindestens ebenso guten Blick, dann allerdings in den üppigen Garten und das Hochland, bietet eine schöne Terrasse. Beides lohnt sich.

„Hedins Oe" – Café und Galerie

Crüger- alias Sethehof

73

Der in Bonn gebürtige Otto Firle (1889–1966), Architekt und Gebrauchsgrafiker, baute 1924/25 für die kunstsinnige Familie Saenger-Sethe um den jüdischen Diplomaten Samuel Saenger einen Sommersitz. **Der Sethehof wurde später im Rahmen der „Arisierung" in Crügerhof umbenannt.** Zu diesem Zeitpunkt war Firle, der ursprünglich mit einer Tochter der Familie verheiratet war, schon viel beschäftigter Architekt im NS-Staat. Für Göring baute er 1935 ein Landhaus auf dem Darß. Bekannt wurde er allerdings durch den Entwurf des ersten Lufthansa-Logos mit dem Kranich. Das Haus steht heute unter Denkmalschutz.

Crügerhof
Biologenweg 20
18565 Kloster

Der Crügerhof

74 Max Taut lässt wieder grüßen

Haus Pingel
Zum Hochland 3
18565 Kloster

Auch im Hochland von Kloster hat sich der Königsberger Architekt Max Taut (1884–1967), der zu diesem Zeitpunkt in Berlin lebte, verwirklichen können. Diesmal für den Innenarchitekten Walter Pingel. Taut entwarf das Gebäude am Ende der Hyperinflation 1923/24 als Sommerhaus, als 1 Dollar bei 2,4 Billionen Papiermark stand (20. November 1923). Es war demnach auch eine echte Geldanlage. **Als Sommerhaus wurde es bis 1960 genutzt, danach folgten Umbauten.** Bis heute ist es ein privates Wohnhaus. Es steht, wie alle Häuser des großen Berliner Architekten auf der Insel, unter Denkmalschutz.

■ Haus Pingel

Nah am Meer

75

„Buhne XI" ist der richtige Name für ein kleines aber ungemein gemütliches Restaurant, das sich hinter der Düne versteckt. Wer mit dem Fahrrad auf den Dünen entlang eilt und in aller Regel den Blick zum Meer richtet, kann das kleine Haus schnell übersehen. Aber gerade das wäre allzu schade. **Denn nirgendwo auf der Insel kann man näher am Meer speisen als hier.** Die Seeluft der Westküste sorgt für den entsprechenden Appetit. Egal ob auf frischen Fisch oder Sanddorntorte. Egal ob drinnen oder draußen auf der Terrasse.

Buhne XI
Norderende 104 a
18565 Vitte
038300 299
www.hiddensee-buhne11.de

Frische Seeluft inclusive: Buhne XI

76

Schwimmende Ferienwohnungen

Yachthafen Lange Ort
Zum Seglerhafen 29
18565 Vitte
038300 603680
0173 4679250
(Hafenmeister)
www.lange-ort.de

Ein beliebter Yachthafen ist nur 400 Meter nördlich vom kommunalen Hafen Vitte entstanden. Sein Name: Lange Ort. Eine Anreise ist aufgrund der Fahrrinne von 3 Meter Solltiefe tagsüber zu empfehlen. In der Hochsaison bedarf es schon etwas Glück, um hier einen der begehrten Liegeplätze zu erhalten. **Für die Segler ein idealer Ausgangspunkt, um die Insel per Fuß oder Rad zu erkunden.** Fahrräder verleiht der Hafenmeister. Nicht wenige der Ankömmlinge richten sich im Hafen ein und benutzen ihre Schiffe als Ferienwohnungen. Angesichts der knappen Inselbetten nicht die schlechteste Idee.

Motorboote im Seglerhafen Vitte

Hubschrauber über Vitte

77

Wozu braucht Hiddensee einen Hubschrauberlandeplatz?, mag sich der eine oder andere Ortsfremde fragen und auf den quadratischen Platz im Herzen von Vitte unweit des Hafens zeigen. Schließlich haben weder ein Vorstandsvorsitzender eines Dax-Unternehmens noch Ex-Bundeskanzlerin Angela Merkel, die hier oben ihren Wahlkreis hatte, auf Hiddensee ein eigenes Anwesen. Doch bei genauer Betrachtung des Themas wird schnell klar, für wen die Gemeindevertreter 2012 eine höchst sinnvolle Entscheidung trafen und den Landeplatz bewilligten. **Mancher Notfallpatient wird es ihnen danken.** Kurzum: gut angelegtes Steuergeld.

Hubschrauberlandeplatz
Norderende 162
(neben dem Sportplatz)
18565 Vitte

Hubschrauberlandeplatz – die Zukunft lässt grüßen

78 „Blaues Strandhaus" am Norderende

Blaues Strandhaus
Norderende 38
18565 Vitte
0170 4125277
www.kuenstlerinsel-hiddensee.de

Ein kulturhistorisches Kleinod und einen zauberhaften Literatur-Garten bietet das „Blaue Haus" der Landschaftsmalerin Helene Herveling-Bockenheuser. 1929 wurde es direkt am Strand als erstes Haus am Norderende erbaut. **Heute gut versteckt hinter dem Deich, bietet es Gartenlesungen und Konzerte.** Das original erhaltene Holzhaus beherbergte prominente Gäste: Asta Nielsen, Max Kruse, Ringelnatz. Damit es wieder ein Ort der Kunst wird (inklusive Meeresrauschen und einem Glas Rosé), hat die engagierte Inselführerin Ute Fritsch dem Anwesen neues Leben eingehaucht. Keine Frage, das „Blaue Haus" gehört zum Hiddenseer Pflichtprogramm.

Inselführerin Ute Fritsch vor dem „Blauen Haus"

„Tante Hedwig"

79

Wer einen Kaffee mag, der sich wohltuend von so mancher zum Ausschank gebrachten Einheitsbrühe abhebt, dem sei ein Besuch bei Tante Hedwig empfohlen. Doch nicht nur der Kaffee ist spitze, die Tante überzeugt auch mit leckerstem Gebäck. Wem das nicht reicht, dem sollten die regionalen Leckerbissen vom Bio-Käse bis zur Öko-Wurst Ersatz bieten. Die gemütliche Aufmachung des Cafés, in dem es sich zwischen Marmeladengläsern und Holzspielzeug gut stöbern lässt, erinnert an einen der hippen Läden im Berliner Prenzlauer Berg. **Keine Frage, Hedwig ist „in".** Ob allerdings die Großtante des Besitzers, die als Namenspatronin herhielt, von dieser Ehre weiß, ist fraglich.

Tante Hedwig
Kaffeehaus & Hofladen
Wiesenweg 8
18565 Vitte
038300 6070
www.tante-hedwigs-hofladen.de

Prenzlauer Berg oder doch Hiddensee?

80 Gold der Ostsee

Bernsteinwerkstatt
Norderende 142
18565 Vitte
038300 60730
www.bernsteinwerkstatt-vitte.de

Am Norderende 142 in Vitte gibt es eine Bernsteinwerkstatt, die zum Mitmachen einlädt. Unter der sach- und fachkundigen Leitung von Ingolf Engels, der auf fast fünfzigjährige Erfahrung in der Bearbeitung des „Ostseegoldes" blicken kann, gibt es die Möglichkeit, seine gefundenen Steine selbst zu schleifen und zu Schmuckstücken zu verarbeiten. **Wer auf keine eigenen Bernsteine verweisen kann, dem hilft Engels gern aus.** Die Kurse sind gefragt und bieten allerlei Wissenswertes über das wohl beliebteste Sammelobjekt der Insel.

Fachkundiger Blick: Ingolf Engels

Kulturvoll Wohnen

81

Unweit des Vitter Hafens befindet sich das Appartementhaus Post Hiddensee. Kaum zu glauben, dass dies einst Hiddensees Brotfabrik war. Es ist ein überschaubares ruhig gelegenes Haus mit sehr gut ausgestatteten Zimmern (teilweise mit Kamin) und eigenem Sonnengarten. **Empfehlenswert die gemütliche Bar im Foyer und der Platz am dort lodernden Kaminfeuer.** Letzteres findet sich auch in einigen Zimmern. Auch um das schöngeistige Wohl der Gäste bemüht, sorgt der Chef des Hauses, René Kunzmann, für ein Kulturprogramm mit Lesungen, Vorträgen und Musik. Körper und Geist kommen so auf ihre Kosten.

Hotel Post
Wiesenweg 26
18565 Vitte
038300 6430
www.hotel-post-hiddensee.de

Appartementhaus „Hotel Post"

82 Stolpern über Geschichte

Stolpersteine
Norderende 174
Süderende
73,103,130
Wiesenweg 2
18565 Vitte
www.seebad-hiddensee.de

Auf Vittes Hauptstraße fällt man regelrecht über deutsche Geschichte. Dafür haben einige „Stolpersteine" gesorgt, die an ehemalige jüdische Grundstücksbesitzer erinnern. Zu ihnen zählen Clara Arnheim (Norderende 174), Julie Wolfthorn (Süderende 73), Käthe Löwenthal (Süderende 130) und Susanne Ritscher (Süderende 130). **Alle waren Mitglieder des Hiddensoer Künstlerinnenbundes.** So auch Henni Lehmann, deren Stolperstein am Wiesenweg 2 zu finden ist. Auch der nichtjüdische, 1944 hingerichtete Reformpädagoge und Widerstandskämpfer Adolf Reichwein wird mit einem Stolperstein geehrt (Süderende 103).

■ Stolpern erwünscht …

Asta Nielsen und ihr „Karusel"

83

Die in Dänemark gebürtige Asta Nielsen, gefeierte Schauspielerin in deutschen Stummfilmen, verbrachte mehrere Sommer auf Hiddensee. **Das kleine Haus ist durch zwei runde „Ecken" gekennzeichnet.** Sie vermitteln den Eindruck eines kreisrunden Grundrisses. So lag es für die Besitzerin nahe, das Haus in ihrer dänischen Muttersprache „Karusel" zu nennen. 1936 weilte die Filmdiva zum letzten Mal auf der Insel. Ihre Abkehr von Deutschland hatte mit der NS-Machtergreifung zu tun. Auch nach dem Krieg fand die Künstlerin, die im hohen Alter von 91 Jahren starb, nicht wieder zu ihrem „Karusel" zurück.

Asta-Nielsen-Haus
Zum Seglerhafen 7
18565 Vitte
038300 608970
www.asta-nielsen-haus.de

Das „Karusel"

84 Windmühle ohne Flügel

Windmühle
Norderende 175
18565 Vitte

Don Quichotte hätte keine Freude an der flügellosen Windmühle von Vitte. Aber Don Quichotte ist nicht auf Hiddensee und dem Land war es auch ohne Flügel wert, die Mühle unter Denkmalschutz zu stellen. Gebaut wurde sie 1905, nachdem an gleicher Stelle die Vorgängermühle abgebrannt war. **Der Müllermeister Schwartz als Bauherr konnte sich noch bis 1927 am Drehen der Flügel erfreuen.** Dann wurde auch auf Hiddensee mit Strom gemahlen. Stillgelegt nutzte Gret Palucca (1902–1993), die berühmte Ausdruckstänzerin, die Mühle nach 1948 als Sommerresidenz. 1962 erwarb sie der Architekt Helmut Trauzettel.

■ Windmühle mit Aussicht

Panta Rhei

85

Der Nationalpark „Vorpommersche Boddenlandschaft" wartet im eigenen Haus mit einer sehenswerten Ausstellung auf. Unter dem Motto „Panta Rhei" (alles fließt) kann sich der Besucher kaum der Faszination dieser ursprünglichen Landschaft entziehen. Grund genug, an den hier angebotenen Führungen über die Insel teilzuhaben. Es lohnt sich, selbst als Laie und Nicht-botanisch-Interessierter. **Das Nationalparkhaus wurde 1998 errichtet und sollte ein fester Bestandteil jedes Hiddenseebesuches sein.**

Nationalparkhaus Hiddensee

Norderende 2
18565 Vitte
038300 6804
www.nationalpark-vorpommersche-boddenlandschaft.de

Das Nationalparkhaus lädt ein …

86 Goodewind – Hotel und Gasthaus

Hotel und Restaurant Godewind
Süderende 53
18565 Vitte
038300 6600
www.hotelgodewind.de

Schon immer ein gastronomischer Tipp für die Insel ist das „Godewind", der gute Wind. Hundert Jahre hat das Haus, einst „Café & Pension Schluck", bereits auf dem Buckel und hat trotzdem bis heute nicht an Attraktivität verloren. Selbst die mageren DDR-Zeiten, als das Godewind unter der Flagge des FDGB-Ferienheims „Karl Krull" segelte, überstand das Haus unbeschadet. Seit 1991 ist es wieder in privater Hand. **Wer eine gemütliche Kneipe und zugleich gutes Essen sucht, ist hier richtig.** Wem das nicht reicht, der kann zusätzlich Zimmer und Ferienwohnungen des Hauses nutzen.

Gastronomischer Tipp – das „Goodewind"

Hermann Muthesius in Vitte

87

Hermann Muthesius (1861–1927), einer der renommiertesten Architekten des frühen 20. Jahrhunderts, fand wie viele seiner künstlerischen Zeitgenossen Gefallen an Hiddensee. **So erwarb der Gründer des Deutschen Werkbundes 1912 mit seiner Frau ein reetgedecktes Fischerhaus.** Das ließ er für die Familie (5 Kinder) zum Ferienhaus umbauen. Muthesius architektonisches (über 100 Gebäude) sowie sein publizistisches Werk (über 500 Veröffentlichungen) zeugen von einem frühen Workaholic, der auch prominente Gegner auf den Plan rief: Henry van de Velde, Walter Gropius. Das Haus steht unter Denkmalschutz.

Haus Muthesius
Süderende 73
18565 Vitte

Denkmalgeschütztes Fischerhaus

88 „Blühende Landschaften"

Insel Information Hiddensee Vitte
Achtern Dieck 18 a
18565 Vitte
038300 608685
www.seebad-hiddensee.de

Etwas Besonderes ist nicht nur für Naturliebhaber die Dünenheide. Sie erstreckt sich südlich Vittes bis nach Neuendorf. Nur von Tümpeln, Moorlöchern und kleinen sandigen Erhebungen unterbrochen, bietet die ansonsten flache Heide den Lebensraum für eine artenreiche Tier- und Pflanzenwelt. Besonders das Heidekraut verwandelt im August die Landschaft in einen blühenden Teppich, der sich weit ins Land rollt. **An Farbenpracht ist die Heide trotz der scheinbaren Kargheit kaum zu übertreffen.** Hier fühlen sich neben allerlei Insekten, Fröschen und Kröten auch Ringelnattern und Kreuzottern (!) wohl.

Blühende Heide

Hausmarken – bis in den Tod

89

Das mag in deutschen Landen nicht ungewöhnlich sein: Hausmarken. Aber in Hiddensee spielen sie bis heute eine Rolle und sind mehr als merkwürdige Runenzeichen, die für Erbe und Tradition stehen. Vor allem werden sie gepflegt. Ursprünglich zeigten die Marken an, wem der Besitz gehört. Namen waren nicht nötig. Einige Striche, Kreuze oder Bögen reichten. **So trugen nicht nur Häuser Hausmarken, sondern auch Boote und andere Arbeitsgeräte.** Selbst auf dem Inselfriedhof findet man auf alten Grabsteinen Hausmarken, zuweilen mit einem Todesjahr ergänzt.

Inselfriedhof Kloster
Kirchweg 42
18565 Kloster
038300 328
www.kirche-hiddensee.de

Typische Hausmarken

90 Ein gemütlicher Hafen

Hafen Neuendorf
18565 Neuendorf
0170 8091116
(Hafenmeister)
www.seebad-hiddensee.de

Der südlichste aller Hiddenseehäfen liegt in Neuendorf. **Er ist auch der gemütlichste.** Dies mag am Schiffsverkehr liegen, der hier weniger stark ist, und an der Umgebung. Der Ort Neuendorf liegt abseits des Hafens. Immerhin bietet der Hafen bis zu 50 Liegeplätze, die gern von privaten Segel- und Motorbooten genutzt werden. Der Hafen, 2001 rekonstruiert und mit gastronomischen Angebot ausgestattet, macht einen aufgeräumten Eindruck und lädt auch Nicht-Bootsbesitzer auf eine der vielen Bänke zum Verweilen ein. Der Blick geht dann über den Bodden nach Rügen und Schaprode.

Ein Schiff wird kommen ...: Hafen Neuendorf

Zuflucht

91

Auch Neuendorf hat eine Kirche. So wird das evangelische Gemeindehaus von den Neuendorfern genannt. **Immerhin gibt es auch hier Gottesdienst.** Und das seit 1987, da wurde das Haus geweiht. „Uns Tauflucht – unsere Zuflucht", so sein Name. Die Glocke auf einem Holzgerüst am Eingang ruft die Gemeinde mit klarer Stimme, dabei hat die Stahlglocke schon in der Kirche in Kloster gedient. Der Kirchenraum ist spartanisch eingerichtet, im warmen Licht. Im Mittelpunkt das hölzerne Kruzifix am Altar. Und natürlich gibt es auch Musik. Dafür sorgt eine kleine Orgel und der vielstimmige Sonntagschor der Gemeinde.

Gemeindehaus Neuendorf
Dörpstraat
18565 Neuendorf
038300 328
www.kirche-hiddensee.de

„Uns Tauflucht – unsere Zuflucht"

92 Der Fischer und seine Frau

Spielplatz Neuendorf
18565 Neuendorf
www.seebad-hiddensee.de

Das ursprünglich von Philipp Otto Runge in Plattdeutsch verfasste Märchen „Der Fischer und seine Frau" hat nicht nur in Grimms Kinder- und Hausmärchen, sondern auch auf Hiddensee Einzug gehalten. Denn der Künstler Jo Harbort (geb. 1951) schuf 1995 in Neuendorf einen Kinderspielplatz, der die Geschichte vom armen Fischer und seiner nimmersatten Frau Ilsebill thematisiert. **Wer still ist, hört zwischen den Skulpturen schon mal die Worte des Fischers im Wind rauschen**: *Manntje, Manntje, Timpe Te, / Buttje, Buttje inne See, / myne Fru de Ilsebill / will nich so, as ik wol will.*

Ilsebill auf dem Spielplatz

Vom Heringsfang und anderen Dingen

93

Im Neuendorfer Fischereimuseum zeigt die Insel, wovon sie einst lebte: Fischfang. Genau das wird manchmal vergessen, wenn sich die modernen Touristikmanager an immer höheren Urlauberzahlen berauschen. **Hier im Museum, eingerichtet im ehemaligen Reusenschuppen „Lütt Partie" aus dem Jahr 1885, wird die Zeit zurückgedreht.** Und ein Kapitel schwerer körperlicher Arbeit mit oftmals geringen Ausbeuten erzählt. Arbeitsgeräte der Fischer und die Hiddenseer Eigenart, eigene Fanggemeinschaften zu gründen, dokumentieren den Wandel im Leben der Fischer. Sozialgeschichte zum Anfassen.

Fischereimuseum
Pluderbarg 9
18565 Neuendorf
038300 64237
www.seebad-hiddensee.de

Fischereigeschichte im Reusenschuppen

94 Café Rosi

Café Rosi
Pappelallee 11
18565 Neuendorf
038300 50168

In Neuendorf längst kein Geheimtipp mehr: das Café Rosi. Nur zehn Fußminuten vom Neuendorfer Hafen entfernt gibt es das Restaurant seit einem viertel Jahrhundert. Seitdem genießt das Haus einen guten Ruf. Ein gemütlicher Gastraum, sehr maritim eingerichtet, und ein windgeschützter Biergarten unter Bäumen laden zum Verweilen ein. **Das Essen ist wie die Einrichtung maritim, frischer Fisch, am besten aus der Ostsee.** Und natürlich fehlt auch hier der Sanddorn nicht. Empfehlung zum Abschluss: Sanddorntiramisu!

„Cafe Rosi" unter Bäumen

Ein schwarzer Tag am „Schwarzen Peter"

95

Südlich Neuendorfs trägt eine Boddenbucht den klangvollen Namen „Schwarzer Peter". Sie machte ihrem Namen alle Ehre, als genau hier die Sturmflut von 1864 einen 8 Meter breiten Durchbruch verursachte und den Gellen vom restlichen Hiddensee trennte. Für die Inselbewohner ein schwarzer Tag. Noch schlimmer allerdings war es, dass der Durchbruch nicht gleich geschlossen werden konnte. So verbreiterte er sich im Lauf der Jahre auf bis zu 250 Meter. **Erst mit dem Anlegen zweier Dämme wurde der Riss geflickt und die Insel wieder eins.** Um sicherzugehen, folgte von 1875 bis 1978 ein weiterer befestigter Damm.

Schwarze-Peter-Bucht
18565 Neuendorf

Wider die Sturmflut – der Damm

96 Nur noch Fundamente – die Gellenkirche

Gellenkirche
Gellen
18565 Neuendorf

Von der Gellenkirche, 1302 erstmals urkundlich erwähnt, zeugen heute nur die Grundmauern und auch diese sind nur bei Flachwasser zu erkennen. Zur Kirche gehörte auch ein Leuchtfeuer („Luchte"), das die Mönche des Klosters errichteten. Bis zur Einweihung der Bauernkirche, der heutigen Inselkirche, diente die Gellenkirche der seelsorgerischen Betreuung. **Erst im Laufe der Zeit wurde sie zu einer Art Kaufmannskirche, in der die Mönche den Seeleuten die Sakramente reichten.** Wie lange die Kirche genutzt wurde, ist nicht bekannt, allerdings dürfte auch sie die Reformation nicht mehr erlebt haben.

Vom Winde verweht …: die Gellenkirche

Der Süderleuchtturm

97

Hiddensee hat neben einem großen Leuchtturm im Norden, dem Leuchtfeuer Dornbusch, auch einen weniger beachteten, aber ebenso wichtigen zweiten Leuchtturm zu bieten. Allerdings kann der Leuchtturm im Süden der Insel es mit den stattlichen 27,5 Metern des Nordturmes nicht aufnehmen. **Dieser Leuchtturm auf dem Gellen, auch Süderleuchtturm genannt wurde 1905 errichtet und misst nur 12 Meter.** Er steht auf einem Steinsockel und ist aus Metallelementen gefertigt. Das „Leuchtfeuer Gellen" zeigt die Ein- und Ausfahrt am Gellenstrom an oder dient als Orientierung für die Boddenschiffe.

Süderleuchtturm
Gellen
18565 Neuendorf
www.seebad-hiddensee.de

Leuchtfeuer im Süden

98

Reusengemeinschaft „Groot Partie"

Reusenschuppen Groot Partie
Königsbarg 10
18565 Neuendorf
038300 603570
www.seebad-hiddensee.de

Erst 2016 wurde der ehemalige, bereits 1864 errichtete Reusenschuppen (Reuse = Fischernetz) nach langer Renovierungszeit auch für Besucher geöffnet. Das Haus, einst von einer Neuendorfer Fischereigemeinschaft (Groot Partie) errichtet und genutzt, bietet nun in einer kleinen Ausstellung allerlei Informationen über den Fischfang auf der Insel. **Natürlich steht im Mittelpunkt der Hering.** Er ist der wichtigste Fisch der Insel. Wem dies nicht reicht, der sei auf Vortragsveranstaltungen im Haus verwiesen. Empfehlenswert auch Kaffee und Kuchen.

„Groot Partie" im Reusenschuppen

Insel mit Funktion

99

Fährinsel
www.hiddensee.de

Keine einhundertfünfzig Meter östlich Hiddensees liegt eine weitere Insel. Es ist die Fährinsel, Hiddensees kleine, dennoch 37 Hektar große Schwester. Die einstigen, dort wohnenden Fährleute waren für den Transport von Mensch und Material über den Bodden nach Hiddensee verantwortlich. Dazu zählte auch, den Verkehr im Winter aufrechtzuerhalten, wenn der Bodden zugefroren oder Schiffe vereist waren. Dann kamen Pferde- oder Handschlitten zum Einsatz. Eine besondere Bedeutung hatte der Postverkehr. **1952 wurde der Fährverkehr eingestellt.** 2013 starb der letzte Bewohner. Heute ist der Zugang zur Insel verboten.

Unberührte Natur – die Fährinsel

Andreas H. Apelt, geb. 1958, gelernter Forstfacharbeiter, studierte Geschichte und Germanistik, Arbeit in vielen Berufen, u.a. als Journalist und Publizist; Promotion in Politikwissenschaft. Er schrieb unter anderen den Hiddensee-Roman „Ende einer Reise" und gab die Hiddensee-Anthologie „Die Insel der Anderen" (mit C. Klauß) heraus.
Günter Pump, geb. 1941, lebt in Dithmarschen, lernte Schriftsetzer, war dann als Fotograf vor allem auch im Norden Deutschlands unterwegs und publizierte über 200 Bildbände, Kalender und Kochbücher.

Der Verlag, Autor und Fotograf danken insbesondere Volkmar Richter, Schwerin; Michael Beck und Annelie Prestin-Beck, Nürnberg;

Der Verlag, Autor und Fotograf freuen sich über Ihre Hinweise:
info@mitteldeutscherverlag.de

Haftungsausschluss
Die Angaben in diesem Reiseführer wurden gewissenhaft überprüft. Für die Aktualität, Korrektheit und Vollständigkeit übernimmt der Autor keine Haftung. Der Autor distanziert sich aus rechtlichen Gründen von allen Inhalten der aufgeführten Internetseiten. Auf aktuelle und zukünftige Gestaltung, die Inhalte oder Urheberschaft der angeführten Internetseiten hat der Autor keinen Einfluss.

Fotografien: Günter Pump außer Polizeiinspektion Stralsund: S. 16; © www.schwarzfotografie.de: S. 19, 54, 58 oben/unten, 74 oben/unten, 82 oben/unten, 116, 137, 145; Stralsund Museum: S. 22; Torsten Schlüter: S. 32 oben/unten; Michael Handelmann: S. 68 oben; Tommy Hetzel: S. 68 unten; Wiebke Volksdorf: S. 80 oben/unten; Frank Dehlis: S. 92 oben; Felix König [CC BY 3.0], via Wikimedia Commons: S. 92 unten; Global Fish [CC BY-SA 3.0], via Wikimedia Commons: S. 131; Ute Fritsch: S. 136

2., aktualisierte Auflage 2023

www.mitteldeutscherverlag.de

Gesamtherstellung: Mitteldeutscher Verlag, Halle (Saale)

ISBN 978-3-96311-764-0

Printed in the EU